高校大学生英语教学改革与创新研究

张艳芳 ◎ 著

吉林出版集团股份有限公司

图书在版编目（CIP）数据

高校大学生英语教学改革与创新研究 / 张艳芳著.
长春 : 吉林出版集团股份有限公司, 2024.10. — ISBN
978-7-5731-5992-2

Ⅰ. H319.3

中国国家版本馆CIP数据核字第20240YA040号

高校大学生英语教学改革与创新研究

GAOXIAO DAXUESHENG YINGYU JIAOXUE GAIGE YU CHUANGXIN YANJIU

著　　者 张艳芳
责任编辑 曲珊珊
封面设计 林　吉
开　　本 710mm×1000mm　　1/16
字　　数 185 千
印　　张 15
版　　次 2024 年 10 月第 1 版
印　　次 2024 年 10 月第 1 次印刷

出版发行 吉林出版集团股份有限公司
电　　话 总编办：010-63109269
发行部：010-63109269
印　　刷 廊坊市广阳区九洲印刷厂

ISBN 978-7-5731-5992-2　　定价：89.00 元

前　言

在当今全球化的时代背景下，英语作为国际通用语言，其重要性日益凸显。它不仅是跨文化交流、国际合作的重要桥梁，也是获取全球信息、参与国际竞争的关键工具。因此，高校英语教学作为培养高素质人才的重要途径，其改革与创新显得尤为迫切和重要。本书旨在探讨新形势下高校英语教学的改革与创新策略，以期为提升我国高校英语教学质量、培养具有国际竞争力的人才提供理论支持和实践参考。

随着科技的飞速发展和互联网的普及，教育领域正经历着前所未有的变革。高校英语教学作为高等教育的重要组成部分，也迎来了数字化、信息化的新时代。这一变化不仅带来了丰富的教学资源和多样的教学手段，也对学生的学习方式、教师的教学模式提出了新的要求和挑战。然而，传统的英语教学模式往往侧重于语法和词汇的讲解，忽视了对学生实际语言运用能力和跨文化交际能力的培养，导致学生在面对真实语境时往往感到力不从心。因此，改革与创新高校英语教学模式，以适应新时代的需求，成为当前教育界亟待解决的问题。

本书全面探讨了高校英语教学的学术前沿、发展趋势、方法改革、内容创新、评估体系完善、教师发展等多个维度。通过深入分析教育技术前沿、语言习得理论新发展、国际教育趋势等，为英语教学提供理论支撑。同时，本书详细阐述了教学方法的改革与创新，如任务型教学、协作学习、翻转课堂等，旨在提升大学英语教学质量。此外，本书还关注教学内容的拓展与行业需求对接，以及教学评估体系的完善，确保大学英语教学效果的全面评估与反馈。对于教师的发展，本书也提出了专业发展路径、教育技术培养等策略，以促进教师的专业成长。

高校英语教学改革与创新是一项长期而艰巨的任务。它需要我们不断探索和实践、总结经验教训、完善优化方案。只有这样，我们才能适应时代发展的需求、满足学生的个性化需求、提升教师的专业素养和教学质量。

由于笔者水平有限，本书难免存在不妥甚至谬误之处，敬请广大学界同仁与读者朋友批评指正。

张艳芳

2024 年 7 月

目　录

第一章　英语教学学术前沿与发展趋势

第一节　教育技术前沿与高校英语教学

一、智能化教学平台的应用

（一）智能化教学平台在高校英语个性化学习中的应用

在当今数字化时代，智能化教学平台正逐步成为高校英语教学的重要组成部分，通过融合人工智能、大数据、虚拟现实（VR，Virtual Reality）及增强现实（AR，Augmented Reality）等先进技术，为学生打造了一个高效、个性化的学习环境。以下详细探讨这些技术如何重塑高校英语教学模式。

1.AI 辅助的个性化学习路径规划

智能化教学平台利用先进的 AI（Artificial Intelligence）算法，深入分析学生的学习行为数据，包括学习时长、互动频率、成绩波动等，从而精准描绘出每位学生的学习特征和能力水平。基于这些数据，平台能够为学生量身定制个性化的学习路径。这一路径不仅考虑了学生的当前水平，还预见了其潜在的学习需求和发展方向，确保学习资源与练习题的推送既具有挑战性又符合学生的实际情况。例如，对于阅读能力较弱的学生，平台会优先推送阅读理解训练和词汇拓展资源；而对于口语表达需要提高的学生，则提供更多口语练习和发音纠正的机会。

2. 大数据驱动的精准学习资源推送

大数据技术的应用使得教学资源的分配更加科学高效。通过对学生学习数据的持续追踪与分析，智能化教学平台能够识别学生的学习偏好和难点，并据此精准推送相关的学习资源和练习题。这种个性化的推送机制不仅提高了学习资源的利用率，也有效避免了学生在海量信息中的迷失和无效学习。同时，平台还会根据学生的反馈意见和进步情况动态调整推送内容，确保学习路径的持续优化和更新。

3. 虚拟现实与增强现实技术在语言学习中的应用

为了进一步提升学生的听说能力，智能化教学平台积极引入虚拟现实（VR）和增强现实（AR）技术，为学生创造了一个沉浸式的语言学习环境。在 VR 环境中，学生仿佛置身于真实的英语交流场景中，与虚拟人物进行互动对话，模拟日常交流、商务谈判等多种情境，从而在实践中提高语言运用能力和跨文化交际能力。而 AR 技术则通过叠加虚拟信息于现实世界之上，为学生提供了更加丰富多样的学习体验。例如，学生可以通过 AR 眼镜扫描课本上的单词或句子，即时看到相关的视频讲解、发音示范或互动练习，使学习过程更加生动有趣。

（二）促进自主学习与终身学习的能力培养

智能化教学平台的应用不仅关注短期内的学习效果提升，更致力于培养学生的自主学习能力和终身学习习惯。平台通过提供丰富的学习资源和个性化的学习路径规划，鼓励学生根据自身兴趣和需求进行探索式学习；同时，通过实时反馈和激励机制激发学生的学习动力和自我效能感。这种以学生为中心的教学模式有助于培养学生的批判性思维、创新能力和解决问题的能力，为他们未来的学术研究和职业生涯奠定坚实的基础。

智能化教学平台通过 AI 辅助的个性化学习路径规划、大数据驱动的精准学习资源推送以及虚拟现实与增强现实技术的创新应用，为高校英语教学带来了前所未有的变革。它不仅提高了教学效率和学习效果，还促进了高校学生自主学习能力和终身学习能力的形成，为培养具有国际视野和跨文化交际能力的高素质人才提供了有力的支持。

二、在线教学与混合式教学模式创新

（一）构建多元化在线教学平台，促进个性化学习体验

在高校英语教学中，构建灵活多样的在线教学平台是推动教学模式创新的关键一步。此类平台应集成视频课程、互动问答、在线测试、虚拟实验室及个性化学习路径规划等多种功能，以支持异步与同步学习的无缝切换。异步学习模式允许学生根据个人时间安排自主观看教学视频、完成阅读任务，实现知识的初步吸收；而同步学习则通过直播课堂、在线研讨会等形式，模拟传统教室的即时交流环境，解决学生在自学过程中遇到的困惑，促进深度理解。

平台还需引入智能推荐系统，基于学生的学习行为、成绩反馈及兴趣

偏好，为其量身定制学习资源和路径，确保每位学生都能获得与其能力相匹配的学习挑战，从而提升学习效率与满意度。

（二）融合线上线下资源，实施混合式教学策略

混合式教学模式的有效实施，关键在于如何将线上资源的丰富性与线下互动的直接性有机结合。教师应精心设计教学活动，确保线上学习不仅是知识传递的载体，更是激发学生兴趣、引导学生深度思考的起点。例如，课前可通过在线预习任务，引导学生初步了解课程内容，提出问题或疑惑。课中则利用线下课堂进行深度讨论、角色扮演、案例分析等互动性强的活动，强化语言实践与应用能力。课后，通过在线作业、小组项目等形式，巩固学习成果，促进学生间的协作与交流。

此外，混合式教学模式还应强调过程性评价与终结性评价的结合，利用在线平台的数据追踪功能，全面记录学生的学习轨迹，包括观看视频时长、参与讨论次数、作业提交质量等，为教师提供客观、全面的评价依据，同时也帮助学生自我反思，明确改进方向。

（三）强化师生互动与生生协作，构建学习共同体

在混合式教学中，师生互动与生生协作是提升学习成效的重要途径。教师应主动适应角色转变，从知识的传授者转变为学习的引导者和促进者，鼓励学生积极参与课堂讨论，勇于表达个人观点。同时，通过建立学习小组、开展合作学习项目等方式，促进学生间的相互学习、相互启发，形成积极向上的学习氛围。为了提升互动效果，教师还可以利用在线平台的即时通

信工具、论坛等功能，定期组织线上交流会、答疑会，及时解决学生在学习过程中遇到的问题，同时分享学习资源、交流学习心得，构建起一个跨越时空限制的学习共同体。

英语在线教学平台与混合式教学模式的创新需要不断探索与实践，通过构建多元化教学平台、融合线上线下资源、强化师生互动与生生协作，为学生提供更加丰富、灵活、个性化的学习体验，从而有效提升高校英语教学质量与效果。

三、移动学习工具的普及

随着移动互联网技术的飞速发展，移动学习工具如英语学习 App、微信小程序等，已成为英语教学中不可或缺的一部分。这些工具以其便携性、实时性和互动性强的特点，极大地丰富了学生的学习资源，提高了学习效率，并促进了学生学习方式的多样化发展。

（一）实现随时随地学习，提升学习效率与便捷性

移动学习工具的最大优势在于其突破了时间和空间的限制，使学生能够在任何时间、任何地点进行英语学习。无论是在乘坐公交、地铁的通勤路上，还是茶余饭后的闲暇时光，学生都可以利用手机或平板电脑等移动设备，轻松访问英语学习资源。这种即时性和便捷性不仅为学生提供了更多的学习时间，也有效地缓解了传统课堂教学中时间与空间资源有限的问题。同时，移动学习工具通常具备个性化推荐功能，能够根据学生的学习进度和兴趣偏好，给学生推送适合的学习内容，进一步提升学习效率。

（二）设计互动性强、趣味性高的学习任务，激发学习动力

为了吸引并保持学生的学习兴趣，移动学习工具在设计上注重互动性和趣味性的结合。通过游戏化的学习方式、有趣的互动练习以及即时的学习反馈，这些工具能够让学生在轻松愉快的氛围中掌握英语知识。例如，一些英语学习 App 会设置角色扮演、模拟对话等互动环节，让学生在模拟真实场景中进行口语练习；而微信小程序则可以通过闯关游戏、答题竞赛等形式，激发学生的学习兴趣和竞争意识。这些互动性强的学习任务不仅有助于学生更好地理解和记忆知识，还能够培养他们的语言运用能力和问题解决能力。

（三）整合优质教育资源，丰富学习内容与形式

移动学习工具还通过整合优质教育资源，为学生提供了丰富多样的学习内容和形式。这些资源包括但不限于词汇表、语法讲解、听力材料、阅读材料、视频课程等，涵盖了英语学习的各个方面。同时，移动学习工具还利用多媒体技术，将文字、音频、视频等多种形式的信息融合在一起，为学生呈现出一个立体化的学习世界。这种多元化的学习内容和形式不仅有助于满足不同学生的学习需求，还能够激发他们的学习兴趣和创造力。

（四）促进自主学习与合作学习相结合

移动学习工具还鼓励学生进行自主学习和合作学习。在自主学习方面，学生可以根据自己的学习进度和兴趣选择适合自己的学习内容和方式；而在合作学习方面，则可以通过组建学习小组、参与在线讨论等方式与他人

交流学习心得和经验。这种自主学习与合作学习相结合的方式不仅有助于培养学生的独立思考能力和团队协作能力，还能促进他们之间的相互启发和共同进步。

（五）关注学生学习行为，提供个性化学习支持

移动学习工具还具备强大的数据分析功能，能够实时追踪学生的学习行为和学习效果，并据此提供个性化的学习支持。通过对学生的学习数据进行深入挖掘和分析，这些工具能够发现学生的学习习惯和潜在问题，并为他们提供有针对性的学习建议和资源推荐。这种个性化的学习支持不仅有助于提高学生的学习效率和效果，还能够培养他们的自我反思和自我调整能力。

移动学习工具在高校英语教学中的普及与应用具有深远的意义。它们不仅为学生提供了更加便捷、高效、有趣的学习方式和资源，还促进了自主学习与合作学习相结合的教学模式的发展。随着技术的不断进步和应用场景的不断拓展，我们有理由相信移动学习工具将在未来的英语教学中发挥更加重要的作用。

四、自适应学习系统的开发

（一）自适应学习系统的核心构建

在英语教学中，自适应学习系统的研发旨在通过智能化技术，精准匹配每位学生的学习需求与进度，提供定制化的学习体验。该系统基于学生的学习行为数据，运用先进的机器学习算法，自动调整教学内容的难度与

学习路径，以实现教学效果的最大化。系统首先需构建一个全面的学习资源库，涵盖词汇、语法、阅读、听力、口语、写作等多个维度的教学材料，确保内容的丰富性、时效性和针对性。同时，这些资源需以数字化形式呈现，便于系统根据学习需求进行动态组合与推送。

（二）智能评估与难度调节机制

自适应学习系统的核心在于其智能评估与难度调节机制。系统通过定期测试、作业提交及课堂互动等多种方式，持续收集学生的学习数据，包括答题准确率、学习时长、学习偏好等。基于这些数据，系统运用机器学习算法进行分析，准确评估学生的当前学习水平及潜在学习能力，从而自动调整后续学习内容的难度。对于掌握较好的知识点，系统将减少相关练习，转而提供更具挑战性的内容；而对于薄弱环节，则加强训练，直至达到预设的学习目标。

（三）个性化学习路径规划

除了难度调节外，自适应学习系统还能根据学生的学习进度和能力，为其规划个性化的学习路径。系统会根据学生的学习历史、兴趣偏好及学习目标，智能推荐适合的学习资源和学习活动，帮助学生以最高效的方式达成学习目标。这种个性化的学习路径不仅提高了学习效率，也增强了学生的学习兴趣和动力。

（四）优化反馈机制，促进深度学习

为了实现精准教学，自适应学习系统还需引入优化的反馈机制。系统会根据学生的学习表现，及时提供详细、具体的反馈信息，帮助学生明确

自己的优点与不足。同时，系统还会根据学生的反馈行为，不断调整反馈策略，确保反馈信息的有效性和针对性。通过持续的反馈与调整，系统能够引导学生深入思考、积极反思，促进深度学习的发生。

（五）持续迭代与升级，保持系统的先进性

随着技术的不断进步和学生学习需求的不断变化，自适应学习系统需要持续进行迭代与升级。系统研发团队应密切关注教育领域的新技术、新理念和新方法，不断优化算法模型、扩展学习资源、完善用户体验。同时，系统还应具备开放性和可扩展性，便于集成第三方应用和服务，以满足更加多元化的教学需求。通过持续的创新与改进，自适应学习系统将能够始终保持其先进性，为高校英语教学提供更加高效、智能的支持。

五、教育大数据的挖掘与分析

在信息化时代背景下，教育大数据的挖掘与分析正逐步成为推动高校英语教学创新与变革的重要力量。通过对学生在学习过程中产生的海量数据进行深度挖掘与分析，不仅能够揭示出潜在的学习规律，还能为教师提供精准的教学决策支持，进而优化教学内容与方法，提升教学质量与效果。

（一）全面收集学生学习数据，构建学生学习画像

教育大数据的挖掘与分析首先依赖于全面而细致的数据收集。在英语教学中，这包括但不限于学生的课堂表现、作业完成情况、在线学习记录、测试成绩以及学习过程中的交互行为等多维度数据。通过整合这些数据，可以构建出每位学生的学习画像，全面反映其学习习惯、能力水平、兴趣

偏好以及潜在的学习障碍。这种精细化的学生画像为后续的数据分析奠定了坚实的基础。

（二）揭示学习规律，预测学习成效

在拥有充足的学习数据后，接下来便是利用先进的数据分析技术对这些数据进行深入挖掘。通过机器学习、数据挖掘等算法，可以揭示出隐藏在数据背后的学习规律，如哪些因素对学生学习成绩有显著影响，不同学生群体在学习策略上的差异等。同时，基于历史数据和当前学习状态的分析，还可以对学生的未来学习成效进行预测，为教师提供前瞻性的教学指导。

（三）优化教学内容与方法，实现精准教学

教育大数据的挖掘与分析最终要服务于教学实践。基于数据分析结果，教师可以更加精准地把握学生的学习需求与难点，从而有针对性地调整教学内容与方法。例如，对于普遍存在的难点问题，教师可以增加相关的教学资源或采用更加直观的教学方式；对于学习进度落后的学生，教师可以提供个性化的辅导或推荐适合的学习路径。这种精准教学不仅提高了教学的针对性和有效性，还促进了学生的个性化发展。

（四）促进教学反思与改进，提升教学质量

教育大数据的挖掘与分析还为教师提供了自我反思与改进的机会。通过对教学过程的全面监控与数据分析，教师可以清晰地看到哪些教学策略是有效的，哪些需要调整或改进。这种基于数据的教学反思有助于教师不断优化自己的教学方法和技巧，提升教学质量与效果。同时，教师之间也可以共享数据分析结果和教学经验，促进教学团队的共同成长与进步。

（五）关注学生情感与心理健康，构建全面育人体系

除了关注学生的学习成效外，教育大数据的挖掘与分析还被用于关注学生的情感与心理健康。通过分析学生在学习过程中的情绪变化、社交互动等数据，教师可以及时发现学生的心理问题或学习压力，并采取相应的措施进行干预和疏导。这种全面育人的理念有助于营造一个更加健康、和谐的学习环境，促进学生的全面发展与成长。

教育大数据的挖掘与分析在高校英语教学中具有广泛的应用前景和深远的意义。它能够帮助教师更好地了解学生的学习情况与需求，优化教学内容与方法。它能够促进教学反思与改进，提升教学质量与效果；它还能够关注学生的情感与心理健康，构建全面的育人体系。随着技术的不断进步和应用场景的不断拓展，我们有理由相信教育大数据将在未来的英语教学中发挥更加重要的作用。

第二节　语言习得理论的新发展

一、动态系统理论的应用

（一）动态系统理论视角下的语言习得观

在高校英语教学中，动态系统理论（Dynamic Systems Theory，DST）为语言习得研究提供了一个全新的视角。它强调语言习得并非孤立的、静态的过程，而是一个多因素相互交织、共同作用的动态系统。在这一理论

框架下，语言发展被视为一个复杂的自适应系统，其中个体差异、环境因素、学习任务难度、学习者动机与策略等多方面因素均扮演着重要角色，它们之间相互影响、相互作用，共同推动着语言能力的动态变化。

（二）多因素相互作用的动态过程

动态系统理论认为，在语言习得过程中，各种因素并非孤立存在，而是相互关联、相互依赖的。例如，学习者的语言能力不仅受其自身认知能力和学习策略的影响，还受到其所处社会环境、文化背景以及教育资源的制约。同时，这些因素之间又存在复杂的交互作用，如学习者的学习动机可能受到学习环境的激励或抑制，而学习环境的优化又可能进一步提升学习者的动机水平，从而形成一个正向循环。这种多因素相互作用的特点，使得语言习得过程充满了不确定性和非线性特征。

（三）个体差异与环境变化的关注

在动态系统理论的指导下，高校英语教学应更加关注学习者的个体差异和环境变化。个体差异包括学习者的年龄、性格、语言背景、认知能力等多方面的差异，这些差异直接影响着学习者的语言习得速度和效果。因此，教师应采用多样化的教学方法和手段，以满足不同学习者的需求。同时，教师还需关注学习环境的变化，包括技术进步、教育政策调整、社会文化变迁等外部因素，以及班级氛围、师生互动等内部因素，通过调节这些因素来优化学习环境，为学习者创造更加有利的语言习得条件。

（四）语言技能之间的相互依存关系

动态系统理论还揭示了语言技能之间的相互依存关系。听、说、读、写、译等语言技能并非孤立存在，而是相互影响、相互促进的。例如，阅读能力的提升有助于增强词汇量和语法知识，进而促进写作和口语表达能力的提高；而口语练习中的互动和交流又能加深对语言规则的理解和记忆，促进听力技能的发展。因此，在英语教学中，教师应注重培养学生的综合语言能力，通过整合各种语言技能的教学活动，促进它们之间的协同发展。

（五）调节学习环境以促进整体语言能力的提升

基于动态系统理论的认识，调节学习环境是提升整体语言能力的有效途径。教师可以通过以下方式来实现这一目标：一是营造积极的课堂氛围，鼓励学习者之间的合作与交流，激发学习者的学习兴趣和动机。二是提供丰富多样的学习资源和学习任务，以满足不同学习者的学习需求和能力水平。三是采用形成性评价和反馈机制，及时了解学习者的学习进展和困难，给予针对性的指导和支持。四是关注学习者的情感和心理需求，建立和谐的师生关系，为学习者提供必要的心理支持和帮助。通过这些措施的实施，可以有效地调节学习环境，促进学习者整体语言能力的提升。

二、认知神经科学视角下的语言学习

在探索高校英语教学的创新路径时，认知神经科学的研究成果为我们提供了前所未有的深入视角，揭示了语言学习的神经机制，为教学方法的革新提供了坚实的科学依据。以下将从两个主要方面展开论述：一是结合神经科学研究揭示语言学习的神经机制。二是探索大脑可塑性与语言习得的关系，并据此开发促进语言习得的大脑训练方法。

（一）语言学习的神经机制与教学策略的融合

随着认知神经科学的发展，科学家们逐渐揭示了语言加工在大脑中的复杂网络。这一网络涉及多个脑区的协同工作，包括布洛卡区、韦尼克区等经典语言区域，以及更广泛的额叶、颞叶等区域。这些发现为我们理解语言学习的本质提供了重要线索。在英语教学中，我们可以利用这些神经机制的研究成果来优化教学策略。例如，通过设计能够激活多个语言相关脑区的教学活动，如小组讨论、角色扮演等，可以促进学生的语言输出和交流能力。同时，利用多媒体技术和虚拟现实（VR）等工具，模拟真实的语言环境，可以有效增强学生的语言感知和理解能力，进一步巩固语言学习的神经连接。

（二）大脑可塑性与语言习得的深度探索

大脑可塑性，即大脑结构和功能随经验和环境改变而发生变化的能力，是语言习得的重要基础。研究表明，即使在成年后，大脑仍然保持着一定的可塑性，这为成年人学习第二语言提供了可能。

基于大脑可塑性的原理，我们可以开发一系列促进语言习得的大脑训练方法。这些方法可能包括但不限于：一是强化训练法，通过反复练习和强化刺激，增强特定语言技能的神经连接。二是多感官刺激法，利用视觉、听觉、触觉等多种感官通道的信息输入，促进大脑对语言信息的整合和处理。三是认知挑战法，通过设计具有挑战性的学习任务，激发学生的认知冲突和好奇心，促进大脑神经网络的重组和优化。

（三）认知神经科学视角下的个性化教学

认知神经科学强调了个体差异在语言学习中的重要性。每个人的大脑结构和功能都存在一定的差异，这导致了语言学习速度和效果的差异。因此，在英语教学中，我们应该关注学生的个体差异，实施个性化教学。通过认知神经科学的评估工具，如脑电图、功能性磁共振成像等，我们可以更准确地了解学生的学习特点和难点，从而为他们量身定制个性化的学习计划和教学方法。这种基于神经科学的个性化教学不仅能够提高学生的学习效率，还能够促进他们的全面发展。

认知神经科学为高校英语教学提供了全新的视角和科学依据。通过结合神经科学研究成果揭示语言学习的神经机制，我们可以进行优化教学策略；通过探索大脑可塑性与语言习得的关系，我们可以开发促进语言习得的大脑训练方法；通过关注个体差异实施个性化教学，我们可以进一步提升英语教学的质量和效果。

三、社会文化理论在二语习得中的应用

（一）社会文化理论视角下的二语习得与高校英语教学

在社会文化理论的框架下，二语习得被视为一个复杂且动态的过程，深植于学习者所处的社会文化环境之中。这一理论不但挑战了传统语言学习观中孤立的语言技能训练模式，而且强调了语言学习与社会互动、文化认同之间的紧密联系，为高校英语教学提供了全新的视角和策略。

（二）语言学习与社会文化环境的交融

在高校英语教学中，社会文化理论鼓励教师创造丰富多样的学习环境，模拟真实的社交场景，使学生在模拟或真实的语言实践中感受语言的生命力。这种环境不仅限于课堂内的角色扮演、小组讨论，还可以延伸至课外，如参与国际文化节、英语角、线上跨文化交流活动等，让学生在与不同文化背景的人的交流中，自然而然地提升语言运用能力。通过这样的方式，学生不仅能够掌握语言的形式，更能理解其背后的文化内涵和社会意义。

（三）社会互动促进语言技能的发展

社会文化理论强调，语言是社会互动的媒介，通过与他人交流，学习者能够不断调整自己的语言输出，从而提高语言的准确性和流利度。在英语教学中，教师应设计合作学习任务，鼓励学生之间的积极互动和反馈。这种互动不仅限于语言层面的交流，还包括思想、观点的碰撞与融合，有助于培养学生的批判性思维和跨文化交际能力。同时，教师应扮演引导者和促进者的角色，为学生提供必要的支持和反馈，帮助他们在互动中发现问题、解决问题，进而实现语言技能的全面提升。

（四）文化认同与语言学习的相互促进

社会文化理论还指出，语言学习与文化认同之间存在密切的关系。学生在学习外语的过程中，会逐渐接触并理解目标语言的文化，这一过程有助于形成或加深他们的文化认同。在英语教学中，教师应注重文化教学，通过介绍英语国家的历史、文学、艺术、风俗习惯等内容，帮助学生构建跨文化的知识框架。同时，鼓励学生反思自己的文化身份，促进不同文化间的相互理解和尊重，培养他们的全球视野和跨文化意识。当学生能够在文化层面上与所学语言产生共鸣时，他们的语言学习动力将会更加持久，学习效果也将会更加显著。

（五）实践导向的教学模式创新

基于社会文化理论，高校英语教学应更加注重实践导向的教学模式创新。这意味着教学应以学生为中心，注重学生的主体性和创造性，鼓励他们在实践中探索、发现和学习。教师可以通过项目式学习、翻转课堂等现代教学手段，激发学生的学习兴趣和主动性，让他们在解决实际问题的过程中提升语言能力和综合素质。同时，加强校企合作、校际合作，为学生提供更多参与社会实践和国际交流的机会，使他们在真实的社会语言环境中得到锻炼和成长。

社会文化理论为高校英语教学提供了宝贵的理论指导和实践路径。在这一理论框架下，高校英语教学应致力于构建开放、互动、实践导向的学习环境，促进学生在语言学习与社会文化认同之间的深度融合，最终实现其语言运用能力和跨文化交际能力的全面提升。

四、技术增强型语言学习(TELL)

在当今数字化时代，技术增强型语言学习（TELL，Technology-Enhanced Language Learning）已成为推动高校英语教育变革的重要力量。它利用现代技术工具，如社交媒体、在线协作平台等，不仅丰富了语言学习的资源与环境，还深刻改变了学习者的学习方式和语言习得路径。

（一）技术工具促进非正式学习环境下的语言习得

非正式学习环境，即课堂之外的学习空间，因其灵活性、自主性和生活化等特点，成为语言习得不可或缺的一部分。现代技术工具为这一环境提供了强有力的支持。社交媒体作为信息交流与文化传播的重要平台，为学生提供了丰富的语言实践机会。在社交媒体等平台上，学生可以接触到地道的语言表达和文化背景知识，通过参与讨论、分享观点，提升语言运用能力和跨文化交际能力。同时，社交媒体上的语言资源如短视频、播客等，也提供了多样化的学习材料，满足不同学生的学习风格和需求。

在线协作平台如 Google Docs、Slack 等，则为学生提供了即时、便捷的合作学习空间。学生可以在这些平台上进行小组讨论、共同编辑文档、分享学习资料等，通过协同工作促进语言技能的提升和思维能力的发展。这种合作学习方式不仅增强了学生的团队协作能力，还促进了语言知识的内化与迁移。

（二）技术改变学习者的学习方式和语言习得路径

TELL 的引入不仅丰富了学习资源与环境，还深刻改变了学习者的学习方式和语言习得路径。一方面，技术使学习更加个性化和自主化。通过智能推荐系统、学习分析技术等手段，现代技术能够根据学生的学习数据和偏好提供个性化的学习资源和路径。这种个性化学习方式有助于激发学生的学习兴趣和学习动力，提高学习效率和效果。同时，学生也可以根据自己的学习进度和需求选择适合的学习时间和地点进行自主学习，实现学习时间与空间的灵活安排。另一方面，技术促进了语言习得路径的多样化和动态化。传统语言教学往往遵循固定的教学计划和教材体系，而 TELL 则打破了这一限制。学生可以通过多种渠道和方式接触和学习语言，如在线课程、虚拟实验室、语言交换等。这些多样化的学习路径不仅丰富了学生的学习体验，还促进了语言技能的全面发展和提高。同时，技术还使得语言学习成为一个持续不断的过程，学生可以随时随地进行学习和实践，不断巩固和提升自己的语言水平。

技术增强型语言学习在英语教育中的应用与影响是深远的。它利用现代技术工具促进了非正式学习环境下的语言习得，改变了学习者的学习方式和语言习得路径，为英语教育注入了新的活力和动力。随着技术的不断进步和应用场景的不断拓展，我们有理由相信 TELL 将会在未来的英语教育中发挥更重要的作用。

五、情感因素在语言习得中的作用

（一）情感因素：语言习得中不可忽视的力量

在高校英语教学的广阔舞台上，情感因素如同一股潜流，虽不显山露水，却深刻影响着学习者的每一步前行。动机、焦虑与自信，这些看似个人内心的微妙情感，实则对语言学习成效起着至关重要的作用。因此，关注并妥善引导这些情感因素，成为提升高校英语教学质量的关键一环。

（二）动机：驱动语言学习的内在引擎

动机作为推动学习者持续投入语言学习的强大动力，其重要性不言而喻。在高校英语教学中，教师应首先认识到学习动机的多样性，了解每位学生不同的学习需求和目标。通过设定明确而具体的学习目标，提供与现实生活紧密相关的学习内容，以及采用多样化的教学手段和评估方式，教师可以有效激发学生的内在动机，使他们对英语学习保持持久的热情和动力。同时，鼓励学生制订个人学习计划，定期反思学习成果，这也是增强其学习动机的有效途径。

（三）焦虑：语言学习中的隐形障碍

焦虑作为一种普遍存在的情感状态，在语言学习过程中尤为显著。过高的焦虑水平不仅会影响学生的语言输出能力，还可能削弱其学习信心和积极性。因此，高校英语教师应密切关注学生的情感变化，采取适当的策略帮助他们缓解焦虑情绪。这包括创造一个宽松、包容的学习氛围，鼓励学生勇于尝试、敢于犯错；提供个性化的学习支持和辅导，帮助学生克服学习中的难点和困惑；引导学生建立正确的自我评价体系，避免过度关注短期的失败和挫折。

（四）自信：语言学习成功的关键基石

自信是学习者在语言道路上稳步前行的坚实基石。一个自信的学习者，能够更加积极地参与课堂讨论、勇于表达自己的观点，从而在语言实践中不断提升自己的语言能力。在英语教学中，教师可以通过多种方式来培养学生的自信心。例如，组织小组合作学习，让学生在相互支持的环境中共同完成任务。设置分层次的教学目标，让每个学生都能在自己的能力范围内取得进步。及时给予正面反馈和鼓励，让学生感受到自己的成长和进步。

（五）情感支持策略：构建积极学习环境的桥梁

为了充分发挥情感因素在语言习得中的积极作用，教师需要制定并实施一系列情感支持策略。例如，建立和谐融洽的师生关系，通过倾听、理解和尊重来赢得学生的信任和支持；关注学生的个体差异，提供个性化的学习指导和建议；开展心理健康教育活动，帮助学生建立健康的自我认知和情感管理能力。通过这些策略的实施，教师可以为学生营造一个充满关爱、鼓励和支持的学习环境，让他们的情感状态得到积极的调整和优化，从而更加高效地投入语言学习。

情感因素在高校英语教学中扮演着举足轻重的角色。作为教师，我们应当深刻认识到这一点，并努力将情感支持融入教学的每一个环节之中。只有这样，我们才能真正地激发学生的学习兴趣和动力，帮助他们克服学习中的困难和挑战，最终实现语言能力的全面提升。

第三节　国际教育的发展趋势与启示

一、全球素养的培养

在全球化日益加深的今天，教育不再局限于本土文化的传承，更需承担起培养具有国际视野、跨文化沟通能力和全球责任意识人才的重任。高校英语教学，作为连接不同文化和思想的桥梁，其角色尤为重要。通过在英语教学中融入全球议题和多元文化内容，不仅能够提高学生的语言技能，更能够塑造他们成为适应未来世界挑战的全球化公民。

（一）构建国际视野，拓宽学生的知识边界

国际视野是全球化时代人才不可或缺的素质之一。它要求学生能够超越地域限制，关注全球范围内的政治、经济、社会、文化等各个领域的发展变化，形成对世界的全面认知。在英语教学中，教师可以通过引入国际新闻、时事热点、全球性问题等教学内容，引导学生关注并思考这些问题背后深层次的原因和影响，从而培养他们的全球意识和国际眼光。同时，利用多媒体教学资源和网络平台，展示不同国家和地区的文化、历史、风俗习惯等，让学生在学习英语的同时，也能感受到世界的多样性和复杂性。

（二）培养跨文化沟通能力，搭建理解与合作的桥梁

跨文化沟通能力是全球化背景下人才竞争的关键要素。它要求学生能够在尊重和理解不同文化的基础上，进行有效的交流和合作。在英语教学中，

教师可以通过模拟国际交流场景、组织跨文化交流活动等方式，培养学生的跨文化沟通能力和适应能力。例如，可以设置模拟联合国会议、国际商务谈判等教学环节，让学生在模拟真实场景中体验不同文化的碰撞与融合，学会如何运用语言和非语言手段进行有效的沟通和协商。此外，教师还可以引导学生阅读和分析不同文化背景下的文学作品、影视作品等，加深对不同文化的理解和感悟。

（三）强化全球责任意识，塑造有担当的全球化公民

全球责任意识是指个体对全球性问题、全球公共利益和全球可持续发展的关注和责任感。在高校英语教学中，教师应当注重培养学生的全球责任意识，引导他们关注全球性问题，如气候变化、贫困与不平等、公共卫生等，并思考自己作为全球化公民应该如何行动和贡献。通过讨论和分析这些议题，学生可以认识到自己与全球命运紧密相连的关系，从而激发他们为构建更加公正、和谐、可持续发展的世界而努力的责任感和使命感。同时，教师还可以鼓励学生参与国际志愿服务、文化交流等实践活动，将所学知识和技能应用于实践中，为推动全球发展贡献自己的力量。

培养全球素养是高校英语教学的时代使命。通过构建国际视野、培养跨文化沟通能力和强化全球责任意识等方面的努力，我们可以培养出更多具有国际竞争力、跨文化沟通能力和全球责任意识的优秀人才，为构建人类命运共同体贡献智慧和力量。

二、终身学习的理念

（一）终身学习的时代呼唤与高校英语教学的融合

在知识爆炸、技术日新月异的21世纪，终身学习的理念已成为全球共识。它不仅仅是对个人成长的期许，更是适应快速变化的社会环境的必然要求。对于高校英语教学而言，融入终身学习的理念，不仅意味着教学目标的重新定位，更是教学内容、方法及评价体系的全面革新。

（二）构建支持终身学习的教育体系

在英语教学中，构建支持终身学习的教育体系，首先要求教育机构和教育者具备前瞻性的视野和开放的心态。这意味着，教学不再局限于传统的课堂和教材，而是向更广阔的学习空间延伸，包括线上学习平台、国际交流项目、行业实践基地等多元化学习途径。同时，教育体系应提供灵活多样的学习路径和个性化的学习方案，满足不同学习者的需求和兴趣，促进他们的全面发展。

（三）强化自主学习能力培养

自主学习能力是终身学习的核心要素。在英语教学中，教师应积极引导学生从依赖型学习向自主型学习转变。这包括教会学生如何设定学习目标、制订学习计划、选择学习资源、监控学习进度以及评估学习成果。通过项目式学习、翻转课堂等教学模式，让学生在实践中锻炼自主学习能力，逐渐形成自我驱动、自我反思的学习习惯。

（四）培养批判性思维能力

批判性思维能力是终身学习者不可或缺的素养。在英语教学中，教师应注重培养学生的批判性思维能力，鼓励他们敢于质疑、勇于探索、善于分析。通过讨论式教学、辩论赛、学术论文写作等活动，引导学生深入思考语言背后的文化、社会、历史等复杂问题，培养他们的逻辑思维、创新思维和问题解决能力。

（五）促进知识与技能的持续更新

终身学习强调的是知识与技能的持续更新。在英语教学中，教师应关注学科前沿动态，及时更新教学内容和教学方法，确保学生掌握的是最新、最实用的语言知识和技能。同时，鼓励学生参与社会实践、行业实习等活动，将所学知识应用于实际工作中，不断检验和提升自己的能力水平。此外，教师还可以引导学生关注国际发展趋势，培养他们的全球视野和跨文化交际能力，为未来的职业生涯奠定坚实的基础。

（六）建立终身学习的评价体系

传统的评价体系往往侧重于对学生知识掌握程度的考核，而忽视了对学生学习能力、创新思维等综合素质的评价。在终身学习的理念下，高校英语教学应建立更加全面、多元的评价体系。这包括对学生自主学习能力、批判性思维能力、团队协作能力等多方面的评价；采用形成性评价与终结性评价相结合的方式，既关注学生的学习过程又关注学习成果；鼓励学生参与自我评价和同伴评价，培养他们的自我认知能力和团队协作能力。

将终身学习的理念融入高校英语教学之中，是适应时代发展需求、培养具有国际竞争力人才的重要举措。通过构建支持终身学习的教育体系、强化自主学习能力培养、培养批判性思维能力、促进知识与技能的持续更新以及建立终身学习的评价体系等措施的实施，我们可以为学习者提供更加丰富、多元、灵活的学习体验和发展空间，助力他们在未来的学习和职业生涯中不断前行、持续成长。

三、教育公平与包容性

在追求教育卓越的同时，确保教育资源的均衡分配与包容性，是构建和谐社会、促进个人全面发展的基石。英语教学作为高等教育的重要组成部分，更应积极响应这一时代的呼唤。通过一系列措施，努力消除学习障碍，确保每位学生都能在公平、包容的环境中获得高质量的教育。

（一）均衡教育资源分配，缩小教育差距

教育资源的均衡分配是实现教育公平的首要条件。在英语教学中，这意味着需要关注不同背景、不同地区学生的学习条件，确保他们都能享受到优质的教学资源。这包括教材的选择、教学设备的配备、师资力量的分配等方面。学校应加大对弱势群体的支持力度，如为经济困难学生提供奖学金、助学金等资助；为偏远地区学生提供在线学习平台和技术支持，确保他们不因地理或经济条件限制而失去学习机会。

（二）消除学习障碍，促进全员参与

学习障碍是影响学生学业成就的重要因素之一。在英语教学中，这些

障碍可能表现为语言基础薄弱、学习动力不足、学习方法不当等。为了消除这些障碍，教师应采取多种策略，如开展入学摸底测试，了解每位学生的英语水平和学习特点，以便实施差异化教学；提供个性化辅导和咨询，帮助学生解决学习中的具体问题；设计丰富多样的教学活动，激发学生的学习兴趣和动力；教授有效的学习策略和方法，提高学生的自主学习能力。通过这些措施，可以促进全员参与，确保每位学生都能在适合自己的节奏和方式下进步。

（三）差异化教学策略，满足不同学习需求

差异化教学是实现教育包容性的关键。在英语教学中，教师应根据学生的不同需求和能力水平，灵活调整教学策略和方法。这包括教学内容的差异化、教学方式的多样化以及评估标准的个性化等方面。教师可以根据学生的语言水平，将班级划分为不同的小组，实施分层教学。针对学生的不同兴趣和学习风格，设计多样化的教学活动和任务；在评估学生的学习成果时，采用多元化的评价标准和方法，既关注学生的语言技能发展，又重视他们的学习态度、合作能力和创新思维等方面的表现。通过差异化教学，可以满足不同学生的学习需求，促进他们的全面发展。

（四）营造包容性课堂氛围，促进相互尊重与理解

包容性课堂氛围是实现教育公平与包容性的重要保障。在英语教学中，教师应努力营造一个开放包容、尊重差异的课堂环境。这包括鼓励学生表达自己的观点和想法，即使这些观点可能与主流意见不同；尊重每位学生

的文化背景和个性特点，避免刻板印象和歧视；倡导团队合作和互助精神，让学生在相互支持中共同成长。通过营造这样的课堂氛围，可以促进学生之间的相互尊重与理解，培养他们的全球视野和跨文化交际能力。

教育公平与包容性是高校英语教学的基石。通过均衡教育资源分配、消除学习障碍、实施差异化教学策略以及营造包容性课堂氛围等措施，我们可以为每位学生提供一个公平、包容、高质量的学习环境，促进他们的全面发展和社会融合。

四、教师专业发展

（一）教师专业发展是高校英语教学的核心动力

在快速变化的教育领域中，高校英语教师的专业发展不仅是个人成长的必然需求，更是推动教学质量提升、适应教育技术发展及教育改革的关键。这一过程强调教师作为终身学习者的角色，不断追求教育理念的更新和教学技能的精进。

（二）持续推进学习与教育理念的提升

教师应树立终身学习的观念，紧跟时代步伐，不断更新自身的知识结构和教育理念。这包括深入研究语言学理论、教学法、教育心理学等专业知识，以科学的理论指导教学实践；同时，关注国内外教育动态，了解最新的教育理念和研究成果，如混合式学习、项目式学习等，将其融入英语教学中，提高教学效果。此外，教师还应不断反思教学实践，总结经验教训，形成独具特色的教学风格和理念。

（三）教学技能的精进与多样化

随着教育技术的飞速发展，教师需要不断提升自己的教学技能，以适应新的教学环境和学生需求。这包括熟练掌握多媒体教学工具、在线教学平台等现代教育技术的应用，创新教学手段和方法，激发学生的学习兴趣和积极性；同时，教师还应注重教学设计的科学性和艺术性，结合学生的实际情况和课程目标，设计多样化的教学活动和任务，促进学生的全面发展。此外，教师还应具备良好的沟通能力和团队合作精神，与学生、同事及家长建立良好的互动关系，共同促进学生的成长和进步。

（四）教师培训与支持体系的建立

为了促进教师的专业发展，教育机构应建立完善的教师培训和支持体系。这包括定期组织教师参加各类培训活动，如教学法研讨会、教育技术工作坊、国际交流项目等，为教师提供了学习新知识、新技能的机会。同时，建立教师发展档案，记录教师的成长历程和成就，为教师的职业发展提供有力支持。此外，教育机构还应鼓励教师参与教学研究和学术活动，提升教师的科研能力和学术素养。建立教师互助机制，促进教师之间的经验分享和合作交流，共同推动教学质量的提升。

（五）适应教育技术发展与教育改革的需要

面对教育技术的快速发展和教育改革的不断深入，教师需要保持敏锐的洞察力和适应能力。这要求教师不仅要关注新兴教育技术的发展趋势和应用前景，还要积极尝试将其融入教学实践中，探索新的教学模式和方法；

同时，教师要深入理解教育改革的理念和目标，如以学生为中心的教学理念、综合素质评价体系的建立等，将其落实到具体的教学工作中去。通过不断学习和实践，教师能够更好地适应教育技术发展和教育改革的需要，为培养具有国际竞争力和创新精神的高素质人才贡献力量。

五、国际合作与交流

在全球化的浪潮中，教育领域的国际合作与交流日益频繁，成为提升教育质量、促进文化理解与国际合作的重要途径。对于高校英语教学而言，加强国际合作与交流，不仅能够共享优质教育资源和经验，还能显著提升我国英语教学的国际影响力，为培养具有国际视野和跨文化交际能力的人才奠定坚实的基础。

（一）深化国际合作项目，拓宽教育合作领域

国际合作项目是实现教育资源共享与经验交流的重要载体。在高校英语教学中，应积极寻求与国际知名高校、教育机构及研究机构合作的机会，共同开展教学科研、师资培训、学生交流等项目。这些项目可以涵盖课程设置、教材开发、教学方法创新等多个方面，通过引入国际先进的教学理念和技术手段，提高我国英语教学的整体水平。同时，合作项目的开展还有助于增进不同国家之间的文化理解和友谊，为构建人类命运共同体贡献力量。

（二）促进学术交流，提升教师国际视野

学术交流是提升教师国际视野和学术水平的重要途径。在高校英语教

学中，应鼓励和支持教师参与国际学术会议、研讨会等交流活动，与全球同行共同探讨教学科研问题，分享研究成果和经验。通过学术交流，教师可以了解国际前沿的教学理念和趋势，借鉴他国成功的教学模式和方法，从而不断提升自己的教学水平和国际竞争力。此外，学术交流还有助于促进教师之间的合作与友谊，为未来的国际合作项目奠定人脉基础。

（三）推动学生国际交流，培养全球公民

学生国际交流是培养具有国际视野和跨文化交际能力人才的关键环节。在高校英语教学中，应积极推动学生参与国际交流项目，如海外留学项目、交换生项目、国际志愿者服务等。这些项目可以让学生亲身体验不同国家的文化、教育和社会环境，增强他们的跨文化适应能力和全球意识。同时，国际交流还有助于提升学生的语言能力和专业技能，为他们未来的国际职业生涯打下坚实的基础。此外，通过与国际学生的互动与交流，学生可以结交来自世界各地的朋友，拓宽自己的人际网络和国际视野。

（四）构建国际交流平台，促进信息共享与合作

构建国际交流平台是加强国际合作与交流的重要保障。在高校英语教学中，可以依托现代信息技术手段，建立国际教育资源共享平台、在线教学合作平台等，为国内外教师、学生和研究人员提供便捷的信息交流和合作渠道。这些平台可以发布最新的教学科研成果、教学资源、合作项目等信息，促进信息共享和资源整合。同时，平台还可以为教师和学生提供在线教学、远程协作、虚拟实验室等功能，打破地域限制，实现跨国界的教学科研合作。

加强国际合作与交流是推动高校英语教学国际化进程的重要途径。通过深化国际合作项目、促进学术交流、推动学生国际交流以及构建国际交流平台等措施，我们可以共享优质教育资源和经验，提升我国英语教学的国际影响力，为培养具有国际视野和跨文化交际能力的人才做出积极贡献。

第四节　跨学科视角下的英语教学

一、语言学与心理学的融合

（一）语言学与心理学交融：重塑英语教学的视角

在英语教学的广阔天地里，语言学与心理学的融合正悄然引领着一场教学理念的革新。这一融合不仅深化了我们对语言本质的理解，更为教学设计提供了科学的心理依据，使得教学活动更加贴近学习者的实际需求，促进了语言习得的有效性和深度。

（二）认知心理学：语言习得的新钥匙

认知心理学作为心理学的一个重要分支，其研究成果为语言习得提供了宝贵的洞见。它揭示了人类大脑在处理语言信息时的复杂机制，包括注意、记忆、思维等认知过程如何影响语言的学习与运用。在英语教学中，教师可以借鉴认知心理学的理论，设计更加高效的学习任务，如利用记忆规律安排复习计划，通过情景模拟促进语言理解与应用，以及采用思维导图等工具帮助学生构建语言知识体系。这些策略有助于学习者在认知层面深化对语言的理解，提高学习效率。

（三）心理需求导向：教学活动的创新设计

关注学习者的心理需求是教学设计的核心。在语言学与心理学的融合视角下，教师应充分考虑学习者的情感、动机、兴趣等心理因素，设计符合心理学原理的英语教学活动。例如，通过创设贴近学生生活实际的学习情境，激发学生的学习兴趣和动力；采用合作学习模式，增强学生的归属感和团队协作能力；实施差异化教学，满足不同学习风格和能力水平学生的需求。这些教学活动不仅能够提高学生的学习参与度，还能促进他们的心理健康发展，为长期的语言学习奠定了坚实的基础。

（四）情感因素与语言习得的相互作用

情感因素，如焦虑、自信、动机等，在语言习得中扮演着重要角色。语言学与心理学的融合使我们更加清晰地认识到，积极的情感状态能够促进语言学习，而消极的情感状态则可能阻碍学习进程。因此，在英语教学中，教师应注重培养学生的积极情感，如通过正面反馈和鼓励增强学生的自信心，通过设定明确的学习目标激发学生的内在动机。同时，教师还应关注并帮助学生缓解学习过程中的焦虑情绪，为他们创造一个安全、舒适的学习环境。

（五）跨学科融合：推动英语教学的新发展

语言学与心理学的融合不仅是理论层面的交汇，更是实践层面的创新。它要求教师在教学实践中不断探索和尝试，将跨学科的知识和方法融入英语教学之中。这种融合不仅丰富了教学内容和形式，还拓宽了教师的教学视野和思路。通过跨学科融合，教师可以更加全面地了解学习者的需求和特点，设计出更加科学、有效的教学方案，推动英语教学向更高水平发展。

语言学与心理学的融合为英语教学带来了新的机遇和挑战。在这一背景下，教师应积极拥抱变化，不断学习新知识、新技能，以更加开放、包容的心态面对教学实践中的各种问题。通过不断探索和尝试，我们有望开创出更加符合时代要求、更加贴近学生需求的英语教学新模式。

二、语言学与社会学的交叉

在英语教学的广阔舞台上，语言学与社会学的交叉融合为语言学习注入了新的活力与深度。通过在教学中融入社会语言学知识，我们旨在培养学生的社会语言意识，增强他们的跨文化交际能力，使他们能够在全球化的语境中更加自如地运用英语。

（一）社会因素对语言使用的多维度塑造

语言并非孤立存在，而是深深植根于社会文化的土壤之中。社会阶层、性别、地域等社会因素以微妙而复杂的方式影响着语言的使用。例如，不同社会阶层的人群往往拥有独特的语言习惯和表达方式，这些差异不仅体现在词汇选择、句式结构上，还渗透在语调、语速等语音特征中。性别差异同样在语言使用中有所体现，男性和女性在语言风格、话题选择及交流策略上往往存在差异。此外，地域文化也是塑造语言特征的重要因素，不同地区的方言、俚语和习惯用语反映了该地区的历史、传统和生活方式。

（二）社会语言学知识在英语教学中的应用

为了使学生能够更好地理解和运用英语，高校英语教学应积极融入社会语言学知识。这包括但不限于以下几个方面：

首先，通过分析不同社会背景下的语言使用实例，帮助学生认识到语言与社会之间的紧密联系，培养他们的社会语言意识。其次，通过对比不同社会阶层、性别、地域的语言特征，引导学生理解并尊重语言多样性，提高他们在跨文化交流中的敏感性和适应性。此外，教师还可以设计一系列教学活动，如角色扮演、情景模拟等，让学生在模拟的社会环境中实践语言交流，感受不同社会因素对语言使用的影响。

（三）培养跨文化交际能力：英语教学的核心目标

在全球化的今天，跨文化交际能力已成为衡量人才素质的重要标准之一。英语教学应以此为核心目标，通过融入社会语言学知识，提升学生的跨文化意识和能力。这要求教师在教学过程中不仅要关注学生的语言技能培养，更要注重他们的文化认知、情感态度和价值观的塑造。通过引导学生分析不同文化背景下的语言现象，帮助他们理解并尊重文化差异，学会在跨文化交流中采取恰当的策略和态度，从而有效促进不同文化之间的理解和合作。

语言学与社会学的交叉为英语教学提供了丰富的理论资源和实践指导。

通过深入分析社会因素对语言使用的影响，并在教学中融入社会语言学知识，我们可以有效提升学生的社会语言意识和跨文化交际能力，为他们未来的国际交流和职业发展奠定坚实的基础。

三、语言学与信息技术的结合

（一）信息技术：语言教学的新引擎

随着信息技术的飞速发展，其在教育领域的应用日益广泛，为语言教学带来了前所未有的变革。在高校英语教学中，信息技术与语言学的深度融合，不仅改变了传统的教学方式和手段，还极大地丰富了教学资源，提升了教学效果和学习体验。

（二）自然语言处理技术的革新应用

自然语言处理技术（NLP，Natural Language Processing）作为信息技术的重要分支，在语言学习中展现出了巨大的潜力。通过 NLP 技术，计算机能够理解和生成人类自然语言，为语言教学提供了智能化的支持。例如，智能语音助手可以模拟真实的对话环境，帮助学生进行口语练习；自动批改系统能够快速准确地反馈学生的写作错误，提高写作教学效率。此外，NLP 技术还能根据学生的学习数据和表现，提供个性化的学习建议和路径规划，实现因材施教。

（三）信息技术驱动的教学模式创新

信息技术的广泛应用为英语教学模式的创新提供了广阔的空间。混合式学习模式应运而生，它将线上学习与线下教学相结合，既发挥了信息技术的优势，又保留了传统课堂教学的精髓。通过在线课程、学习管理系统（LMS，Learning Management System）等信息技术工具，学生可以随时随地获取学习资源，进行自主学习；而线下课堂则更多地用于讨论、互动和实践，促进了知识的内化和应用。此外，翻转课堂、项目式学习等新型教学模式也借助信息技术的力量，实现了教学流程的重组和优化，提高了教学的针对性和实效性。

（四）提升教学效果与学习体验

信息技术的引入极大地提升了英语教学的效果和学习体验。一方面，信息技术使得教学资源更加丰富多样，包括电子书籍、多媒体素材、在线课程等，满足了学生多样化的学习需求。另一方面，信息技术还提供了便捷的学习支持服务，如在线答疑、学习社区等，帮助学生及时解决学习中遇到的问题。同时，信息技术的应用还促进了教学评价的多元化和精准化，教师可以通过数据分析工具了解学生的学习进展和薄弱环节，从而调整教学策略，提高教学效果。对于学生而言，信息技术带来的个性化学习体验和即时反馈机制也极大地激发了他们的学习动力和学习兴趣。

（五）面向未来的挑战与展望

尽管信息技术在高校英语教学中展现出了巨大的优势，但其应用也面临着一些挑战。比如，如何确保信息技术的公平使用，避免数字鸿沟的扩大；如何平衡信息技术与传统教学方法的关系，实现优势互补；如何培养学生的信息素养和批判性思维能力，使他们能够正确利用信息技术进行自主学习等。面对这些挑战，我们需要不断探索和实践，加强信息技术与其他学科的融合创新，推动英语教学向更加智能化、个性化、高效化的方向发展。同时，我们还应关注信息技术的伦理和社会影响，确保其在教育领域的健康发展。

四、语言学与文学研究的互动

在英语教学的广阔领域里，语言学与文学研究的互动为语言学习开启了一扇通往深层理解与审美体验的大门。文学作品，作为语言的艺术瑰宝，不仅是语言学习的宝贵资源，更是培养学生语言敏感性、审美能力、文学素养及批判性思维能力的重要载体。

（一）文学作品：语言学习的活化石

文学作品是语言的精华所在，它们跨越时空，承载着丰富的文化内涵与情感表达。通过分析文学作品中的语言现象，如词汇的巧妙运用、句式的多变、修辞的丰富等，学生可以深刻体会到语言的魅力与力量。这种直接的语言接触不仅有助于提升学生的词汇量、语法掌握度及语言运用能力，更能激发他们对语言美的追求与感悟。

（二）阅读与分析：提升语言敏感性的有效途径

在英语教学中，鼓励学生深入阅读并细致分析文学作品，是提升其语言敏感性的有效途径。通过阅读，学生可以接触到多样化的语言风格与表达方式，学会从字里行间捕捉作者的情感与意图。同时，通过分析文学作品中的语言现象，如象征、隐喻、反讽等修辞手法，学生可以培养起对语言细微差异的敏感度，进而提升他们的语言鉴赏力与运用能力。

（三）文学素养：跨文化交流的桥梁

文学作品是文化的重要载体，它们反映了不同历史时期、地域背景下的社会风貌、风俗习惯及价值观念。通过阅读与分析文学作品，学生可以更加深入地了解不同文化背景下的思想观念与审美标准，从而拓宽他们的国际视野与跨文化交流能力。此外，文学作品中的道德观念、人性探索等主题也为学生提供了思考人生、认识世界的独特视角与深刻启示。

（四）批判性思维能力的培养

在文学作品的阅读与分析过程中，培养学生的批判性思维能力是英语教学的另一种重要目标。文学作品往往蕴含着丰富的思想内涵与价值观念冲突，通过对这些内容的探讨与辩论，学生可以学会从不同角度审视问题、分析问题并提出独到见解。这种批判性思维能力的培养不仅有助于学生更好地应对学术挑战与未来职场中的复杂问题，更能促使他们具有独立思考的能力和勇于探索的精神。

（五）融合策略：实现语言学与文学研究的有效互动

为了在英语教学中实现语言学与文学研究的有效互动，教师可以采取多种融合策略。例如，在课程设计中融入经典文学作品阅读与讨论环节；利用现代教学手段如多媒体教学、在线资源库等丰富教学资源；组织学生参与文学社团、戏剧表演等课外活动以加深他们对文学作品的理解与体验；

引导学生撰写读书报告、进行口头报告或参与学术研讨会等方式以锻炼他们的写作、口语表达及学术交流能力。通过这些策略的实施，可以确保学生在享受文学之美的同时不断提升自身的英语语言能力与综合素养。

五、语言学与教育学的整合

（一）语言学与教育学的深度融合：英语教学的理论基石

在英语教学的广阔舞台上，语言学与教育学的整合为教学实践提供了坚实的理论支撑和实践框架。这种整合不仅促进了教学理念的更新，也推动了教学方法的创新，使英语教学更加符合学生的学习规律和发展需求。

（二）教育学理论：英语教学的导航灯

教育学作为研究教育现象、揭示教育规律的科学，为英语教学提供了丰富的理论指导。其中，建构主义学习理论作为当代教育学的重要流派之一，对英语教学产生了深远的影响。该理论强调学习者的主体性和能动性，认为学习是一个主动建构知识的过程，而非简单地接受信息。在英语教学中，教师可以借鉴建构主义学习理论，鼓励学生通过参与、合作、探究等方式，积极构建自己的语言知识体系。这种教学方式不仅能够激发学生的学习兴趣和动力，还能够培养他们的自主学习能力和批判性思维能力。

（三）教学设计的优化：提升教学质量的关键

结合教育学的研究成果，优化英语教学设计是提高教学质量的关键。这要求教师在设计教学活动时，充分考虑学生的学习特点、需求和兴趣，以及教学目标和内容的要求。具体而言，教师应注重以下几点：一是创设真实、有意义的学习情境，使学生能够在情境中学习语言、运用语言。二是采用多样化的教学方法和手段，如小组讨论、角色扮演、案例分析等，以满足不同学生的学习风格和需求。三是关注学生的学习过程，及时反馈和指导，帮助他们解决学习中遇到的问题和困难。四是注重培养学生的跨文化交际能力，使他们能够理解和尊重不同文化背景下的语言使用习惯和价值观。

（四）针对性与有效性的双重提升

通过语言学与教育学的整合，高校英语教学的针对性和有效性得到了显著提升。一方面，教师能够根据学生的实际情况和学习需求，量身定制教学计划和活动，使教学更加贴近学生的实际需求。另一方面，教师还能够运用教育学的研究成果，科学地安排教学时间、分配教学资源、设计教学评估等,以确保教学的有效性和高效性。这种针对性和有效性的双重提升，不仅有助于提高学生的语言水平，还能够培养他们的综合素质和终身学习能力。

随着全球化进程的加速和教育改革的深入，高校英语教学面临着新的机遇和挑战。为了应对这些挑战并抓住机遇，我们需要继续深化语言学与教育学的整合，不断探索和实践新的教学理念和方法。同时，我们还应关注教育技术的发展趋势，积极利用现代信息技术手段来丰富教学资源、创新教学模式、提高教学效果。此外，我们还应加强国际交流与合作，借鉴国外先进的英语教学经验和做法，推动我国高校英语教学的国际化进程。只有这样，我们才能培养出更多具有国际视野、跨文化交际能力和创新精神的高素质英语人才。

第五节　英语教学与人文素质培养

一、文化传承与创新

在全球化日益加深的今天，高校英语教学不仅是语言技能的传授，更是文化传承与创新的重要平台。通过将中华优秀传统文化元素融入英语教学，同时引导学生跨越国界，了解并尊重世界多元文化，我们旨在培养具有深厚的文化底蕴、广阔的国际视野和高度的文化自信的复合型人才。

（一）融入中华优秀传统文化，增强文化自信

中华优秀传统文化是中华民族的瑰宝，其深厚的底蕴和独特的魅力为英语教学提供了丰富的素材。在英语教学中，我们可以通过多种方式融入诗词歌赋、历史故事等传统文化元素，如选取经典诗词进行英译赏析，讲解历史故事背后的文化寓意，或是探讨传统节日与习俗的英语表达。这些活动不仅能够激发学生对中华文化的兴趣与热爱，还能在潜移默化中增强他们的文化自信，使他们在面对外来文化时能够保持清醒的头脑和坚定的立场。

（二）了解世界多元文化，培养跨文化交流能力

英语教学不仅是学习一门语言，更是了解世界的一扇窗。在全球化背景下，跨文化交流能力已成为衡量人才素质的重要标准之一。因此，在英语教学中，我们应积极引导学生通过学习英语来认识和理解不同国家和地区的文化、历史、社会制度及价值观念。这可以通过阅读英文原著、观看英文影视作品、参与国际文化交流活动等方式实现。通过这些活动，学生可以拓宽国际视野，增进对不同文化的理解和尊重，为未来的跨文化交流打下坚实的基础。

（三）鼓励文化创新实践，促进文化多样性与包容性

文化传承与创新是相辅相成的。在英语教学中，我们不仅要注重传统文化的传承，更要鼓励学生积极参与文化创新实践。通过组织英文戏剧表演、文化主题演讲、创意写作比赛等活动，学生可以将所学语言知识与文化素养相结合，创作出具有鲜明文化特色的作品。这些活动不仅能够锻炼学生的语言运用能力和创新思维能力，还能促进文化的多样性和包容性，让不同文化在交流中碰撞出新的火花。

文化传承与创新是高校英语教学的重要使命。通过融入中华优秀传统文化元素、引导学生了解世界多元文化以及鼓励文化创新实践，我们可以培养出既具有深厚文化底蕴又具备国际视野和跨文化交流能力的优秀人才。这些人才将成为推动社会进步和文化交流的重要力量。

二、批判性思维能力的培养

（一）批判性思维：英语教学的深层目标

在英语教学的广阔领域里，培养学生的批判性思维能力已成为不可忽视的重要任务。这不仅是对语言技能的深化，更是对学生综合素质和未来发展潜力的全面提升。通过英语教学，我们旨在引导学生学会分析、评价、推理与反思，使他们在面对复杂多变的信息世界时，能够独立思考、理性判断，成为有见地、有责任感的社会成员。

（二）多元教学活动：批判性思维的摇篮

为了实现这一目标，英语教学应融入多种形式的教学活动，如讨论、辩论、写作等，这些活动为学生提供了实践批判性思维的宝贵机会。在讨论中，学生需要倾听不同观点，分析论据的合理性，进而形成自己的见解；在辩论中，他们则需更加深入地挖掘问题本质，运用逻辑和证据来支持或反驳对方观点；而在写作过程中，学生则需要清晰地表达自己的思想，通过论证来增强文章的说服力。这些活动共同构成了一个促进批判性思维发展的良好环境。

（三）争议性与启发性阅读材料：思维的火花

选用具有争议性和启发性的阅读材料是激发学生思考兴趣、培养批判性思维的关键。这类材料往往涉及社会热点、文化冲突、科技发展等前沿话题，能够引发学生的深入思考和热烈讨论。通过阅读这些材料，学生可以接触到不同的观点和立场，学会从多个角度审视问题，从而拓宽视野、深化理解。同时，这些材料也为学生提供了丰富的信息和素材，有助于他们在讨论和写作中展开深入的论证和分析。

（四）独立思考与问题解决能力的培养

批判性思维的核心在于独立思考和解决问题的能力。在英语教学中，我们应鼓励学生勇于质疑、敢于挑战权威，培养他们独立思考的习惯和勇气。同时，我们还应通过设计具有挑战性的问题或任务，引导学生运用所学知识和技能来解决问题，从而在实践中锻炼和提升他们的批判性思维能力。这种能力的培养不仅有助于学生在学术领域取得优异成绩，更将对他们未来的职业生涯和人生道路产生深远的影响。

（五）批判性思维与英语学习的相互促进

值得注意的是，批判性思维能力的培养与英语学习之间存在着相互促进的关系。一方面，通过培养批判性思维能力，学生可以更加深入地理解英语语言的内涵和外延，提高语言运用的准确性和灵活性。另一方面，英语作为国际交流的重要工具，其学习过程本身也要求学生具备批判性思维的能力，以便在阅读、听力、口语和写作等各个环节中准确捕捉信息、分析问题并做出合理判断。因此，在英语教学中，我们应注重将批判性思维能力的培养贯穿于整个教学过程中，实现语言学习与思维训练的有机结合。

三、道德伦理教育

在英语教学的广阔天地里，道德伦理教育如同一条隐形的纽带，贯穿于语言技能培养与文化素养提升的始终。通过融入诚信、尊重、责任等核心价值观，我们旨在引导学生形成正确的道德观念和价值取向，培养具有高尚品德和社会责任感的时代新人。

（一）道德伦理：语言教学的内在要求

语言不仅是交流的工具，更是思想、情感与价值观的载体。在英语教学中，我们不仅要教会学生如何运用英语进行有效的沟通，更要引导他们理解并传递正面的道德信息。诚信、尊重、责任等道德伦理原则，是任何文化背景下都普遍认同的价值观念，它们构成了人类社会和谐共处的基石。因此，在英语教学中融入道德伦理教育，是提升学生综合素质、促进其全面发展的必然要求。

（二）文学作品：道德思考的源泉

文学作品是道德伦理教育的重要资源。它们以生动的形象和丰富的情节，展现了人性的光辉与阴暗、道德的坚守与沦丧。在高校英语教学中，我们可以选取具有深刻道德内涵的文学作品作为教学素材，引导学生深入阅读、细致分析，从中汲取道德营养，激发道德思考。例如，通过探讨莎士比亚戏剧中的人性复杂性，学生可以学会用批判性的眼光审视社会现象，理解道德判断的多维性；通过解读简·奥斯汀小说中的人物形象，学生可以认识到尊重与理解在人际关系中的重要性。

（三）时事话题：道德实践的契机

时事话题是连接课堂与社会的桥梁，它们紧贴时代脉搏，反映社会热点，为学生提供了丰富的道德实践契机。在英语教学中，我们可以结合时事话题，引导学生关注社会现象，思考道德问题，培养他们的社会责任感和公民意识。例如，针对环境保护、网络伦理、性别平等等议题，教师可以组织小组讨论、辩论赛等活动，让学生在交流中碰撞思想，形成共识，将道德伦理原则内化为自觉行动。

（四）教学策略：润物细无声

在融入道德伦理教育的过程中，教学策略的选择至关重要。教师应避免生硬的说教和灌输，通过潜移默化的方式，让学生在轻松愉快的氛围中接受道德教育。例如，通过角色扮演、情景模拟等教学方法，让学生体验道德冲突，学会做出正确的道德选择；通过写作训练、口头报告等方式，教师应鼓励学生表达自己的道德观点，培养他们的批判性思维和表达能力。

道德伦理教育是高校英语教学中不可或缺的一部分。通过融入诚信、尊重、责任等核心价值观，利用文学作品和时事话题作为教学素材，采用恰当的教学策略，我们可以有效地提升学生的道德素质和社会责任感，为他们未来的成长和发展奠定坚实的基础。

四、艺术修养的提升

在英语教学的广阔天地里，艺术修养的提升不仅是对学生人文素养的滋养，更是对语言学习深度与广度的拓展。通过引导学生接触和欣赏英文诗歌、歌曲、戏剧等艺术形式，我们旨在构建一个丰富多彩的文化艺术殿堂，让学生在语言的海洋中遨游的同时，也能领略到艺术的无限魅力。

（一）艺术鉴赏：开启美的旅程

艺术鉴赏是提升艺术修养的第一步。在英语教学中，我们鼓励学生跨越语言的界限，去感受英文诗歌的韵律之美、歌曲的情感之深、戏剧的冲突之烈。通过细致的文本分析、背景介绍和作品解读，学生得以深入理解这些艺术作品的内涵与外延，从而培养他们的艺术感知力和鉴赏力。这一过程不仅丰富了学生的精神世界，也促进了他们对英语语言文化的深入理解和认同。

（二）艺术实践：体验与创造的交融

艺术实践是提升艺术修养的重要途径。我们鼓励学生积极参与英文歌曲演唱、短剧表演等艺术活动，通过亲身参与和体验，学生们不仅能将所学知识转化为实际技能，还能展现个人风采。在准备和表演过程中，学生需要不断提升团队合作、沟通协调等能力，同时也需要发挥创造力，将个人对艺术作品的理解和感受融入表演之中。这种将理论与实践相结合的方式，不仅增强了学生的自信心和表现力，也进一步激发了他们对艺术的热爱和追求。

（三）审美情趣的塑造：跨文化交流的桥梁

艺术修养的提升还涉及审美情趣的塑造。通过接触不同风格的英文艺术作品，学生得以跨越地域和文化的界限，领略到世界各地的艺术风情和审美趣味。这种跨文化的审美体验有助于拓宽学生的国际视野，增强他们的文化自觉和文化自信。同时，它也为学生在未来参与国际交流和合作提供了宝贵的经验和资源。

（四）艺术修养与英语学习的相辅相成

值得强调的是，艺术修养的提升与英语学习之间存在着相辅相成的关系。一方面，艺术修养的提升有助于激发学生的学习兴趣和动力，使他们在轻松愉快的氛围中更好地掌握英语知识和技能。另一方面，英语学习也为学生提供了接触和欣赏英文艺术作品的机会和平台，促进了他们艺术鉴赏能力和审美情趣的不断提高。因此，在高校英语教学中，我们应将艺术修养的提升作为一项重要任务来抓，努力实现语言学习与艺术修养的有机结合和相互促进。

五、心理健康与情绪管理

在高校英语教学的多维体系中，心理健康与情绪管理作为一股隐形的力量，对学生的全面成长具有不可忽视的作用。随着学习压力、人际关系及未来规划等多重因素的交织，大学生群体面临着前所未有的心理挑战。因此，将心理健康教育和情绪管理技巧融入英语教学，不仅是对学生个体发展的关怀，也是提升教学质量、构建和谐课堂氛围的有效途径。

（一）情感教育的融入是构建积极心态的基石

情感教育，作为心理健康教育的重要组成部分，旨在培养学生的积极情感、增强自我认知与情绪调节能力。在英语教学中，教师可以通过选取富含情感色彩的阅读材料，如励志故事、人物传记、心理散文等，引导学生深入体会文本中的情感波动，学会识别并表达自己的情感状态。同时，通过课堂讨论、角色扮演等活动，鼓励学生分享个人经历与感受，增进相互理解与支持，共同构建一个充满正能量的学习环境。

（二）自我认知与同理心培养是情感共鸣的桥梁

心理健康的基石在于自我认知，而同理心则是连接自我与他人的情感纽带。在英语教学中，教师可以通过分析文学作品中的角色心理、社会行为背后的动机与情感，引导学生学会从多角度审视问题，深入理解人性的复杂与多样。此外，通过讨论社会热点话题、跨文化交流等议题，鼓励学生换位思考，培养同理心，学会在尊重差异的基础上建立深厚的人际关系。

（三）情绪调节策略的教学是应对挑战的钥匙

面对学习和生活中的压力与挑战，掌握有效的情绪调节策略显得尤为重要。在英语教学中，教师可以结合心理学理论，向学生传授实用的情绪管理方法，如深呼吸、正念冥想、时间管理等。同时，通过模拟情境、角色扮演等实践活动，让学生在安全的环境中练习应对负面情绪的技巧，增强心理韧性。此外，教师还可以引导学生建立积极的应对态度，学会从挑战中寻找机遇，将压力转化为成长的动力。

（四）构建支持性环境是心理健康的保障

一个具有较强支持性、包容性的学习环境是促进学生心理健康的重要保障。在英语教学中，教师应努力营造一个开放、鼓励、尊重的课堂氛围，让学生感受到被接纳与认可。同时，建立有效的沟通机制，鼓励学生主动寻求帮助与支持，无论是来自教师、同学还是学校心理咨询中心的专业人士。此外，教师还可以组织学生参与团队建设、心理健康讲座等活动，增强学生的集体归属感与心理健康意识。

关注学生的心理健康与情绪管理是高校英语教学中不可或缺的一环。通过融入情感教育、培养同理心、教授情绪调节策略以及构建支持性环境等措施，我们可以有效地帮助学生建立积极的心态和情绪管理能力，为他们的全面发展奠定坚实的基础。

第二章　英语教学方法改革与创新

第一节　传统教学方法的反思与超越

一、“填鸭式”教学弊端剖析

在英语教学的历史长河中，“教师讲、学生听”的“填鸭式”教学模式曾占据主导地位，其影响深远而复杂。然而，随着教育理念的更新和教育改革的深入，这一模式的局限性日益凸显，亟待我们进行深入剖析与反思。

（一）知识灌输的单一路径

“填鸭式”教学最为显著的特点在于其知识传授的单向性。课堂上，教师成为知识的唯一来源，通过讲解、板书或PPT展示等方式，将大量信息灌输给学生。在这种模式下，学生往往处于被动接受的状态，缺乏主动探索和思考的机会。长此以往，学生的学习积极性和创造力受到严重抑制，难以形成独立思考和解决问题的能力。

（二）学生主体性的缺失

教育的本质在于促进学生的全面发展，而“填鸭式”教学却在一定程度上忽视了学生的主体性。在这种模式下，学生被视为知识的容器，而非具有主观能动性的学习主体。他们的兴趣、需求、个性差异等被忽视，导致学习过程变得枯燥乏味，难以激发学生的学习热情和动力。同时，由于缺乏有效的互动和反馈机制，学生难以及时了解自己的学习状况，也无法根据自身情况进行调整和优化。

（三）创造力培养的空白

创造力是现代社会对人才的重要要求之一，而“填鸭式”教学在创造力培养方面存在明显不足。在这种模式下，学生被要求记忆和掌握大量的知识点，却缺乏将知识应用于实际情境、解决复杂问题的能力训练。此外，由于缺乏创新思维的培养和引导，学生往往难以突破传统框架的束缚，提出新颖、独特的见解和方案。这不仅限制了学生个人潜能的发挥，也影响了整个社会的创新能力和竞争力。

（四）教学理念的转型：从知识传授到能力培养

面对“填鸭式”教学的种种弊端，我们迫切需要转变教学理念，从单纯的知识传授向能力培养转变。这意味着我们要重新审视教育的目标和价值追求，将培养学生的综合素质和创新能力放在首位。在教学过程中，我们要注重激发学生的学习兴趣和动力，引导他们主动探索、积极思考；同时，我们还要加强实践教学和跨学科学习，为学生提供更多将知识应用于实际情境的机会和平台。只有这样，我们才能培养出既有扎实的专业知识，又有良好创新能力和实践能力的高素质人才。

二、学生个性化需求的忽视

在英语教学的广阔舞台上，传统教学方法往往以统一的教学内容和步调面向全体学生，却在一定程度上忽视了学生之间的个体差异和学习需求的多样性。这种“一刀切”的教学模式，不仅难以充分激发每位学生的学习兴趣和潜能，还可能导致教学效果的参差不齐，甚至引发部分学生的厌学情绪。因此，深入剖析学生个性化需求被忽视的现状，并积极探索实施个性化教学的路径，成为当前高校英语教学改革的重要议题。

（一）传统教学的局限：个体差异的漠视

传统英语教学往往侧重于语言知识的传授和应试技能的训练，采用标准化的教学内容和评估方式。然而，这种教学模式忽略了学生之间的个体差异，包括学习风格、兴趣爱好、语言能力、文化背景等多方面。不同学生可能需要不同的教学方法、学习资源和进度安排才能取得最佳的学习效果，因此，传统教学模式在满足学生个性化需求方面显得力不从心，难以激发每位学生的内在学习动力。

（二）个性化教学的必要性：因材施教的理念

面对传统教学模式的局限，实施个性化教学成为必然选择。个性化教学强调以学生为中心，关注每位学生的独特性和发展需求，通过差异化教学策略满足不同学生的学习需求。这要求教师不仅要了解学生的学习现状和能力水平，还要深入了解他们的兴趣爱好、学习风格等个性特征，以便为他们量身定制教学方案。个性化教学有助于激发学生的学习兴趣和潜能，提高学习效率和效果，促进每位学生的全面发展。

（三）差异化教学策略的实施：满足多元需求的路径

实施个性化教学需要采取一系列差异化教学策略。首先，教师可以根据学生的语言能力水平进行分层教学，为不同层次的学生提供适合他们的学习材料和挑战。其次，教师可以运用多种教学方法和手段，如小组合作学习、自主学习、项目式学习等，以满足不同学生的学习风格和兴趣需求。同时，教师还可以利用现代信息技术手段，如在线学习平台、智能学习系统等，为学生提供个性化的学习资源和反馈，帮助他们更好地掌握知识和技能。此外，教师还应关注学生的情感需求和心理状态，通过积极的师生互动和心理辅导，帮助学生建立自信、克服学习困难、保持积极的学习态度。

（四）个性化教学的挑战与应对：持续探索与改进

实施个性化教学虽然具有诸多优势，但也面临着诸多挑战，如教师工作量的增加、教学资源的有限性、评估体系的复杂性等。为了有效应对这些挑战，教师需要不断提升自己的专业素养和教学能力，积极学习新的教学理念和方法；学校和教育部门也应加大对个性化教学的支持力度，提供必要的教学资源和政策支持；同时，还需要建立科学的评估体系，以全面、客观地评价个性化教学的效果和质量。总之，个性化教学是一个持续探索与改进的过程，需要教师、学校和社会各界的共同努力和配合。

三、理论与实践相脱节问题

在高校英语教学的实践中，理论与实践相脱节的问题一直是制约教学质量提升的关键因素之一。这一现象不仅影响了学生对语言知识的深入理解和灵活运用，也限制了他们在实际交流中的表现力和创造力。因此，我们有必要深入反思这一问题，并探索有效的解决策略。

（一）理论与实践相脱节的现象剖析

传统的英语教学模式往往侧重于语言知识的传授，如词汇、语法、句型等，而忽视了语言实践的重要性。在这种教学模式下，学生虽然能够掌握一定的语言知识，但在实际运用中却常常感到力不从心。他们可能无法流利地进行口头交流，也无法准确地理解和表达复杂的思想和情感。这种理论与实践的脱节，导致学生的语言应用能力难以得到有效的提升。

（二）语言学习与实践的紧密联系

语言学习本质上是一种实践性活动，它需要在不断的实践中得以巩固和发展。语言不仅是交流的工具，更是文化和思想的载体。因此，在学习语言的过程中，我们不仅要掌握其基本的语音、词汇和语法规则，更要了解其所蕴含的文化背景、社会习俗和思维方式。而这些知识和能力的获得，都离不开实践的锻炼和检验。只有将语言学习与实践相结合，学生才能在真实的语言环境中灵活运用所学知识，实现语言能力的全面提升。

（三）加强实践教学环节的必要性

为了克服理论与实践脱节的问题，我们需要加强实践教学环节在高校英语教学中的比重。这包括但不限于以下几个方面：一是模拟真实场景进行教学。教师可以利用多媒体技术、角色扮演等手段，为学生创造逼真的语言环境，让他们在模拟的情境中进行语言实践。这样不仅可以提高学生的口语表达能力和听力理解能力，还可以帮助他们更好地理解和运用语言中的文化内涵和社会习俗。二是开展多样化的语言实践活动。如组织英语演讲比赛、辩论赛、戏剧表演等活动，让学生在参与中锻炼自己的语言组织能力和表演能力。同时，这些活动还可以激发学生的创造力和想象力，培养他们的团队合作精神和跨文化交际能力。

（四）实践教学与理论教学的有机融合

值得注意的是，加强实践教学并不意味着要完全摒弃理论教学。相反，我们应该将实践教学与理论教学有机融合起来，形成一个相互促进、相互补充的教学体系。在理论教学中，我们应该注重培养学生的语言基础知识和基本技能。在实践教学中，我们则应该注重引导学生将所学知识应用于实际情境中，提高他们的语言应用能力和综合素质。通过两者的有机结合，我们可以更好地实现英语教学的目标，培养出具有扎实语言基础和良好语言应用能力的优秀人才。

四、评估方式的单一性

在传统英语教学的评价体系中，考试成绩往往被视为衡量学生学习成效的主要标准乃至唯一标准。然而，这种单一化的评估方式存在着显著的局限性，难以全面、真实地反映学生的学习过程、能力发展及综合素质。它不仅可能误导学生的学习方向，导致“应试教育”的弊端，还忽视了学生的个体差异和多元发展需求。因此，构建多元化评估体系，成为提升高校英语教学质量、促进学生全面发展的迫切要求。

（一）单一评估方式的弊端：成绩至上的偏颇

以考试成绩为主要评估标准的做法，往往侧重于对学生语言知识和应试技能的考核，而忽视了对学生语言运用能力、创新思维能力、跨文化交际能力等综合素质的评价。这种评估方式容易导致学生过分追求分数，忽视对知识的深入理解和实际应用，甚至产生厌学情绪。同时，它也忽略了学生在学习过程中的努力与进步，无法全面反映学生的学习成效和个体差异。

（二）多元化评估体系的必要性：全面评价的追求

为了克服单一评估方式的弊端，必须构建多元化评估体系。这一体系应涵盖形成性评价、同伴评价、自我评价等多种方式，旨在从多个维度综合评估学生的学习成效。一是形成性评价关注学生的学习过程，通过课堂观察、作业分析、学习日志等手段，及时了解学生的学习状态和进步情况。二是同伴评价则鼓励学生之间的相互评价和反馈，促进团队合作与沟通能力的发展。三是自我评价则引导学生反思自己的学习过程，培养自我认知和自我管理的能力。这些评估方式相互补充，共同构成了一个全面、立体的评价体系。

（三）实施多元化评估的挑战与对策

实施多元化评估体系虽然具有诸多优势，但也面临着诸多挑战。一方面，教师需要转变传统的教学观念，认识到评估不仅是对学生学习成果的检验，更是促进学生学习和发展的手段。另一方面，教师需要具备更高的专业素养和评估能力，以科学、合理的方式进行评估并给出有效的反馈。此外，学校和教育部门也应加强对多元化评估体系的支持与引导，提供相应的培训和资源支持。

为了有效应对这些挑战，可以采取以下对策：一是加强教师培训，提高教师的评估素养和评估能力。二是建立科学的评估标准和指标体系，确保评估的公正性和客观性。三是加强对学生评估能力的培养，引导学生积极参与评估过程并学会自我反思。四是完善评估结果的反馈机制，确保评估结果能够及时、准确地反馈给学生和教师，以便他们及时调整教学策略和学习方法。

多元化评估体系的建立是高校英语教学改革的重要方向之一。通过实施多元化评估方式，我们可以更全面、更真实地反映学生的学习情况和发展需求，为促进学生的全面发展提供有力的支持。

五、技术融合不足的挑战

在信息化时代的大潮中，传统教学方法在技术应用方面的局限性日益显现，成为制约高校英语教学创新与发展的因素之一。面对这一挑战，我们亟须重新审视并优化教学手段，积极探索信息技术与英语教学的深度融合，以推动教学模式和手段的革新。

（一）传统教学的技术短板

传统英语教学模式往往依赖于黑板、教材和教师的讲解，缺乏现代教学技术的有效支持。在这种模式下，信息传递方式单一，课堂互动有限，难以满足学生个性化、多样化的学习需求。同时，缺乏多媒体和网络资源的辅助教学，也限制了教学内容的丰富性和时效性。这种技术应用的不足，不仅影响了学生的学习兴趣和积极性，也制约了教学效果的提升。

（二）信息技术与英语教学的融合趋势

随着信息技术的飞速发展，其在教育领域的应用日益广泛和深入。信息技术与英语教学的融合，不仅为传统教学模式带来了颠覆性的变革，也为教学创新提供了无限可能。通过运用多媒体、网络、人工智能等现代信息技术手段，我们可以打破时间和空间的限制，实现教学资源的共享和优化配置；可以创造更加丰富、生动、直观的教学环境，激发学生的学习兴趣和创造力；可以实现教学过程的个性化和精准化，满足不同学生的学习需求和能力水平。

（三）创新教学模式与手段的探索

为了克服传统教学方法在技术应用方面的局限性，我们应积极探索信息技术与英语教学的深度融合路径。具体而言，可以从以下几个方面入手：一是构建数字化教学平台，整合优质教学资源，为学生提供丰富多样的学习材料和互动工具。二是利用多媒体技术丰富教学手段，如通过视频、音频、动画等形式呈现教学内容，增强学习的趣味性和直观性。三是开展混合式教学，将线上学习与线下教学相结合，实现教学过程的灵活性和高效性。四是运用人工智能技术优化教学评估与反馈机制，为学生提供个性化、精准化的学习建议和指导。

（四）技术融合下的教师角色转变

值得注意的是，在信息技术与英语教学深度融合的过程中，教师的角色也需要发生相应的转变。教师不再是单一的知识传授者，而是成为学生学习的引导者和促进者。他们需要掌握现代信息技术的基本操作和应用技能，具备整合教学资源、设计教学方案、组织教学活动的能力；同时，他们还需要关注学生的个体差异和学习需求，为学生提供个性化的指导和支持。这种角色转变不仅是对教师个人能力的要求，也是对教育理念和教学方法的革新。

展望未来，随着信息技术的不断发展和普及，英语教育将迎来一个全新的生态体系。在这个体系中，技术将成为推动教育变革和创新的重要力量。通过深度融合信息技术和英语教学，我们不仅可以实现教学资源的优化配置和高效利用，创造更加丰富、多元、互动的学习环境，实现教学过程的个性化和精准化，还可以培养学生的创新思维和实践能力。这将为高校英语教学的持续发展注入新的活力和动力，也为培养具有国际视野和跨文化交际能力的高素质人才奠定了坚实的基础。

第二节 任务型教学法与项目式学习

一、任务型教学法的核心理念

任务型教学法，作为现代语言教学领域的一种重要方法论，其核心理念在于将语言学习的过程置于一系列精心设计的任务之中，通过完成这些具体而真实的任务来驱动语言技能的发展。这种方法不仅颠覆了传统教学中“教师讲、学生听”的被动模式，还强调了学习者的主体地位和实践参与，为高校英语教学带来了全新的视角和活力。

（一）基本概念：任务与语言学习的深度融合

任务型教学法中的“任务”，并非简单的练习题或课堂活动，而是指具有明确目标、真实语境、可操作性和结果可评估的语言实践活动。这些任务通常围绕学生的实际需求、兴趣点或未来职业场景设计，旨在让学生在解决问题的过程中自然而然地运用语言，从而达到学习语言的目的。在这个过程中，语言不再是孤立的知识点，而是成为完成任务的工具，实现了语言学习与现实生活的无缝对接。

（二）优势之一：提升语言运用能力

任务型教学法最显著的优势之一在于它能够显著提升学生的语言运用能力。通过完成多样化的任务，学生需要在真实或模拟的语境中运用所学语言进行交流、表达、理解和解决问题。这种“做中学”的方式，不仅加深了学生对语言知识的理解，更重要的是，它使学生在实践中不断试错、调整和完善自己的语言输出，从而逐步构建起准确、流利、得体的语言运用能力。此外，任务型教学还鼓励学生创造性地使用语言，促进了学生语言创新能力和批判性思维的发展。

（三）优势之二：培养自主学习能力

任务型教学法在培养学生自主学习能力方面也展现了独特的优势。在任务型教学中，学生不再是被动接受知识的容器，而是主动探索、发现和解决问题的主体。他们需要根据任务要求，自主规划学习路径、选择学习资源、评估学习成果，并在这一过程中不断反思和调整自己的学习策略。这种主动学习的经历，不仅增强了学生的自我效能感和责任感，还培养了他们的时间管理能力、信息筛选能力和终身学习的习惯。当学生走出课堂，面对复杂多变的社会环境时，他们能够更加自信地运用所学语言知识和技能，适应不断变化的挑战和需求。

任务型教学法以其独特的核心理念和显著的优势，在英语教学中发挥着越来越重要的作用。它不仅提高了学生的语言运用能力，还促进了学生自主学习能力的培养，为学生的全面发展奠定了坚实的基础。因此，在高校英语教学中积极推广和应用任务型教学法，对于提升教学质量、培养高素质人才具有重要意义。

二、任务设计的原则与策略

在高校英语教学中，任务设计作为连接理论知识与实践应用的桥梁，其重要性不言而喻。一个精心设计的任务不仅能够激发学生的学习兴趣，还能促进他们语言技能的全面发展。接下来，我们从真实性、层次性、挑战性和趣味性等原则出发，探讨任务设计的原则与具体策略。

（一）真实性原则：构建真实语境的桥梁

真实性是任务设计的首要原则。它要求任务应尽可能贴近学生的实际生活或未来职场环境，使学生在完成任务的过程中能够感受到语言的真实用途和交际价值。为实现这一目标，教师在设计任务时应充分考虑学生的生活经验和社会背景，选择与学生生活紧密相关的话题和情境。例如，可以设计模拟国际会议的口头报告任务，或让学生撰写关于跨文化交流的电子邮件，这些任务都能有效提升学生的语言运用能力和跨文化交际能力。

（二）层次性原则：满足不同水平学生的需求

层次性原则强调任务设计应兼顾学生的个体差异和学习进度，确保每个学生都能在适合自己的难度水平上得到发展。为此，教师应根据学生的语言水平、兴趣爱好和学习风格，设计不同难度和复杂程度的任务。例如，对于初学者，可以设计简单的词汇记忆和句型模仿任务；对于中高级学生，则可以设置更具挑战性的阅读理解、写作和辩论任务。同时，教师还可以通过设置任务阶梯，引导学生逐步深入探索某一主题或某项技能。

（三）挑战性原则：激发潜能，促进成长

挑战性原则鼓励教师在任务设计中融入适当的难度和挑战，以激发学生的潜能和求知欲。挑战性的任务能够促使学生跳出舒适区，积极运用所

学知识解决问题，从而在实践中不断巩固和提升语言能力。为了实现挑战性，教师可以设计需要综合运用多种语言技能的任务，如要求学生进行即兴演讲、撰写深度分析文章或参与模拟法庭辩论等。这些任务不仅考验学生的语言能力，还锻炼他们的思维能力和应变能力。

（四）趣味性原则：点燃学习热情，增强学习动力

趣味性原则强调任务设计应富有创意和吸引力，以激发学生的学习兴趣和动力。一个有趣的任务能够让学生更加主动地参与学习过程，享受语言学习的乐趣。为了实现趣味性，教师可以尝试将游戏、竞赛、角色扮演等元素融入任务设计中。例如，可以设计“英语电影配音大赛”“文化主题海报设计”等任务，让学生在轻松愉快的氛围中学习和运用语言。此外，教师还可以利用现代技术手段，如虚拟现实、在线互动平台等，为学生创造更加丰富多彩的学习体验。

（五）策略分享：融合生活与多元文化的智慧

在具体策略上，教师可以将学生生活实际与多元文化元素相结合，设计出既接地气又富有国际视野的任务。例如，可以围绕节日庆典、旅行经历、社会热点等话题设计任务，让学生在分享个人经历的同时，了解不同文化的差异和共通之处。此外，教师还可以鼓励学生参与跨国合作项目或交流活动，通过与国际伙伴的互动与合作，拓宽视野，提升跨文化交际能力。这些策略不仅有助于提升学生的语言能力，还能培养他们的全球意识和国际竞争力。

三、项目式学习的实施路径

项目式学习作为一种以学生为中心的教学模式，在高校英语教学中展现出独特的魅力与优势。其基本流程涵盖项目选题、详细规划、深入实施、成果展示以及全面反思五个关键环节。这一流程不仅促进了知识的深度学习与应用，还强化了学生的综合能力培养。

（一）项目选题：兴趣导向，贴近生活

项目式学习的起点在于选择一个既符合学生兴趣又贴近现实生活或专业领域的课题。在高校英语教学中，选题可以围绕跨文化交际、英语文学赏析、商务英语应用等主题展开，鼓励学生结合个人兴趣与未来职业规划，提出具有探索价值的问题或假设。通过小组讨论或教师引导，确保选题既具有挑战性又具备可行性，为后续学习奠定坚实的基础。

（二）详细规划：明确目标，细化步骤

一旦确定项目主题，接下来的重要步骤是制订详细的项目计划。这包括明确项目目标、预期成果、时间节点、任务分配以及所需资源等。学生需学会将大项目分解为若干个小任务，每个任务都设定具体的完成标准和时间限制。在此过程中，学生还需考虑如何整合不同学科的知识与技能，如结合语言学、文化学、信息技术等多领域内容，以实现跨学科知识的有效融合。

（三）深入实施：自主探究，协作学习

实施阶段是项目式学习的核心环节，强调学生的自主探究与团队协作。

学生需根据计划开展资料收集、文献阅读、实验观察、数据分析等活动，同时积极参与小组讨论、分享进展、解决问题并相互激励。在这一过程中，学生不仅锻炼了自主学习能力，还学会了如何在团队中有效沟通、协调分工，共同推进项目进程。通过实践，学生将理论知识转化为解决实际问题的能力，加深对英语语言及文化的理解和运用。

（四）成果展示：多样呈现，交流分享

项目完成后，学生需通过多种形式展示项目成果，如口头报告、PPT演示、视频制作、展览海报等。这一环节不仅考验学生的表达能力与创造力，还为学生提供了展示自我、交流思想的平台。在展示过程中，学生需要清晰地阐述项目背景、研究方法、主要发现及结论，同时接受来自教师、同学乃至更广泛听众的反馈与评价。这种公开的展示与交流有助于增强学生的自信心，拓宽视野，促进知识的共享与深化。

（五）全面反思：总结经验，持续改进

项目式学习的最后一步是进行全面的反思与总结。学生需回顾整个项目过程，分析成功与失败的原因，提炼经验教训，思考如何在未来的学习中加以改进。这一环节对于培养学生的批判性思维、自我评估能力及持续学习的习惯至关重要。通过反思，学生能够更加清晰地认识到自己的优势与不足，为未来的学习与发展制定更加明确的目标与计划。

项目式学习在高校英语教学中的实施路径，不仅遵循了从选题到反思的完整流程，还充分体现了跨学科知识整合、创新能力培养与团队协作能力提升的重要作用。这一教学模式的应用，有助于激发学生的学习兴趣，

提升学习效率，为培养具有国际视野、跨文化交际能力的高素质英语人才奠定坚实的基础。

四、任务与项目的融合实践

（一）任务型教学法与项目式学习的融合概述

在高校英语教学中，任务型教学法与项目式学习的融合是一种创新的教学模式，旨在通过真实、有意义的任务与项目，促进学生语言技能的全面发展，同时提升其自主学习能力、批判性思维能力和团队合作能力。任务型教学法强调“做中学”，即通过完成具体任务来学习和使用语言；而项目式学习则侧重于通过长时间的研究与创作过程，解决复杂问题或完成特定作品。两者的结合，能够为学生提供更加丰富、多元的学习体验，使语言学习更加贴近实际应用场景。

（二）融合策略设计

1. 明确学习目标与任务框架

在设计综合性语言学习任务或项目时，首先需明确教学目标，包括语言技能（听、说、读、写、译）、文化意识、学习策略等方面。随后，构建以项目为核心的任务框架，确保任务之间既相互独立又紧密相连，共同服务于项目目标的达成。

2. 创设真实情境与问题导向

融合教学中，应努力创设贴近学生生活或未来职业发展的真实情境，以此为基础设计具有挑战性和吸引力的问题或任务。通过问题导向，激发学生的探索欲和求知欲，促使他们主动运用语言知识和技能去解决问题。

3. 强调过程参与与合作学习

鼓励学生全程参与任务与项目的规划、实施、评估等各个环节，通过小组讨论、角色扮演、调研汇报等形式，促进团队合作与交流。在此过程中，教师应扮演引导者和支持者的角色，适时提供反馈和指导，帮助学生克服困难，实现自我提升。

4. 融合多种资源与技术

充分利用多媒体资源、网络资源、图书资料等多种教学资源，以及现代信息技术手段（如在线协作平台、智能教学系统等），丰富教学手段，提升学习效率。同时，鼓励学生利用数字化工具进行自主学习和探究，培养其信息素养和创新能力。

5. 实施多元化评价体系

实施多元化评价体系应建立包括自我评价、同伴评价、教师评价等多元化评价体系，关注学生在任务与项目完成过程中的态度、努力程度、创新能力以及最终成果的质量。通过全面、客观的评价，帮助学生认识自己的优势与不足，为后续学习提供明确的方向。

（三）融合实践效果展望

将任务型教学法与项目式学习相结合，应用于英语教学中，预期能够产生显著的教学效果。一方面，这种教学模式能够激发学生的学习兴趣和动力，使他们更加积极主动地参与语言学习。另一方面，通过真实情境下的任务与项目实践，学生的语言运用能力、自主学习能力、批判性思维和团队合作能力将得到全面提升。此外，这种教学模式还有助于培养学生的跨文化交际能力，为他们未来的国际化发展奠定坚实的基础。

任务型教学法与项目式学习的融合是高校英语教学改革的一种有益尝试，它不仅能够丰富教学手段和内容，还能有效提升学生的语言综合能力和综合素质，为培养具有国际视野和跨文化交际能力的人才提供有力支持。

五、教师角色与学生角色的转变

在英语教学的广阔舞台上，任务型教学法与项目式学习的兴起，为教师角色的重塑提供了契机与要求。在传统的教学模式中，教师往往扮演着知识灌输者的角色，学生则相对被动地接受信息。然而，随着教育理念的不断进步，教师开始逐渐向引导者与促进者的身份转变，这一变化在高校英语教学中尤为显著。

（一）引导者角色的确立

在当今时代背景下，教师不再仅仅是知识的传递者，而是成为学生学习道路上的引导者。他们设计具有挑战性和真实性的任务与项目，激发学生的学习兴趣与好奇心，引导学生主动探索未知领域。在这一过程中，教师鼓励学生提出问题、分析问题，并尝试通过自主或合作的方式解决问题。通过巧妙的引导，教师帮助学生构建知识框架，培养其批判性思维和解决问题的能力。

（二）促进者角色的强化

作为促进者，教师致力于营造一个开放、包容的学习环境，让每位学生都能在其中自由表达、勇敢尝试。他们关注学生的个体差异，因材施教，为不同水平的学生提供个性化的学习支持和反馈。同时，教师还通过组织小组讨论、角色扮演、案例分析等多样化的教学活动，促进学生之间的交流与合作，让学生在互动中相互学习、共同进步。此外，教师还注重培养学生的自主学习能力和终身学习的意识，为他们未来的学术研究和职业发展奠定坚实的基础。

（三）学生主体地位的凸显

在任务型教学法和项目式学习的推动下，学生成为学习的真正主体。他们不再是被动接受知识的容器，而是主动探索、积极建构知识的主体。学生需要根据自己的兴趣和能力选择适合的任务和项目，制订学习计划，并在实施过程中不断调整和完善。这一过程中，学生需要充分发挥自己的主观能动性，积极参与、主动思考、勇于实践。同时，学生还需要学会与他人合作，共同完成任务和项目，培养团队协作精神和沟通能力。

（四）鼓励积极参与及主动探索

为了充分发挥学生的主体作用，教师需要采取一系列措施来鼓励学生积极参与和主动探索。例如，教师可以通过设置明确的学习目标、提供丰富的学习资源、设计有趣的学习任务等方式来激发学生的学习兴趣和动力。同时，教师还需要关注学生的学习过程和情感体验，及时给予肯定和鼓励，帮助他们建立自信心和成就感。此外，教师还可以引导学生参与课外阅读、社会实践等活动，拓宽他们的视野和知识面，培养他们的综合素质和能力。

（五）强化合作学习的重要性

在英语教学中，合作学习不仅是一种有效的教学策略，也是培养学生社会交往能力和团队协作精神的重要途径。教师可以通过组织小组讨论、角色扮演、团队项目等活动来促进学生之间的合作与交流。在合作学习的过程中，学生可以相互学习、相互启发、相互帮助，共同解决问题和完成任务。这种合作与互动不仅有助于提高学生的语言运用能力和文化素养，还有助于培养他们的团队精神和合作意识。

任务型教学法和项目式学习为高校英语教师角色的转型提供了广阔的空间和无限的可能。作为新时代的教师，我们应该积极适应这一变化，努力成为学生学习道路上的引导者和促进者，为学生的全面发展贡献自己的力量。

第三节　协作学习与翻转课堂

一、协作学习的重要性

在英语教学的广阔天地里，协作学习作为一种高效的教学模式，其重要性日益凸显。它不仅为学生搭建了一个相互学习、共同进步的平台，还极大地促进了学生创新思维的发展，并有效增强了班级团队的凝聚力，为培养具有国际视野和跨文化交际能力的人才奠定了坚实的基础。

（一）促进相互学习，拓宽知识视野

协作学习鼓励学生以小组或团队的形式共同完成任务，这一过程中，每位学生都能成为知识的贡献者和接收者。在交流中，学生们通过分享自己的学习心得、语言技巧和文化见解，实现了知识的互补与融合。这种学习方式打破了传统课堂中的单向传授模式，使学习过程更加动态、多元。学生们在互动中不仅巩固了已学知识，还从同伴那里获得了新的视角和思路，从而拓宽了知识视野，丰富了语言学习的维度。

（二）激发创新思维，培养批判性思考能力

协作学习环境为学生提供了自由表达、勇于探索的空间。在小组讨论、项目策划和问题解决的过程中，学生们需要不断思考、分析、评价并创造新的想法和解决方案。这种过程性学习极大地激发了学生的创新思维，鼓励他们跳出常规框架，尝试从不同的角度审视问题。同时，通过小组讨论和辩论，学生们学会了批判性地审视信息、质疑假设，并基于证据形成自己的观点，这对于培养他们在全球化背景下所需的批判性思考能力至关重要。

（三）增强团队凝聚力，提升跨文化交际能力

协作学习强调团队合作与相互支持，通过共同目标的设定和达成，学生们学会了如何在团队中发挥个人优势，同时也认识到团队成功离不开每位成员的贡献。这种经历不仅增强了学生的团队意识和责任感，还促进了他们之间的情感联系和信任建立。在英语教学中，这种团队凝聚力的提升尤为重要，因为它为学生提供了一个模拟的跨文化交际环境。在小组活动中，

学生们需要跨越语言和文化障碍，进行有效的沟通和协作，这为他们日后在国际舞台上自信地交流与合作打下了坚实的基础。

（四）协作学习的基本模式与实施要点

协作学习在高校英语教学中可采用多种模式，如小组讨论、角色扮演、项目式学习等。实施要点包括：首先，明确学习目标和任务，确保每位学生都清楚自己在团队中的角色和责任。其次，创设开放、包容的学习环境，鼓励学生积极参与、勇于表达。再次，教师应作为引导者和促进者，适时提供反馈和支持，帮助学生解决困难，推动学习进程。最后，注重评价方式的多元化，不仅关注学习成果，还要重视学习过程中的参与度、合作精神和创新能力等方面的评价。通过这些措施，协作学习能够在高校英语教学中发挥更大的作用，助力学生全面发展。

二、翻转课堂的教学模式

翻转课堂（Flipped Classroom），作为一种颠覆传统教育理念的教学模式，其核心在于重新分配学习时间，将原本在课堂上进行的知识传授环节转移至课外，通过视频、阅读材料、在线课程等多媒体资源，让学生在课外自主完成学习。而课堂时间则被充分利用起来，用于深入讨论、问题解答、实践应用及协作学习，以此促进学生知识的内化和能力的提升。

（一）翻转课堂的概念解析

翻转课堂打破了“教师讲、学生听”的传统教学模式，实现了学习时间与空间的灵活转换。在课外，学生可以根据自己的学习节奏和兴趣点，自由选择学习材料，进行个性化学习。这种自主学习的方式不仅提高了学习效率，还培养了学生的自我管理和时间规划能力。而在课堂上，教师则成为学习的引导者和促进者，通过组织讨论、解答疑惑、引导实践等方式，帮助学生深化理解、拓展思维、提升能力。

（二）提升自主学习能力

翻转课堂在提高学生自主学习能力方面展现出显著优势。首先，它赋予了学生更多的学习自主权，让学生根据自己的实际情况安排学习时间和进度，增强了学习的主动性和积极性。其次，多样化的学习材料为学生提供了丰富的知识来源，满足了不同学生的学习需求，促进了学生的个性化发展。最后，翻转课堂强调学习过程中的反思和总结，鼓励学生通过自我评估来监控学习进度和效果，培养了学生的自我监控和调节能力。

（三）增强课堂互动效率

翻转课堂还极大地提高了课堂互动的效率和质量。由于课堂时间主要用于深入讨论和实践，学生有更多机会表达自己的观点和想法，与教师和其他同学进行交流和碰撞。这种互动不仅有助于加深学生对知识点的理解和记忆，还能激发学生的创新思维和批判性思维。同时，教师也能通过课堂互动及时获取学生的学习反馈，了解学生的学习困难和需求，从而调整教学策略和方法，提高教学的针对性和有效性。

（四）促进深度学习与协作能力

翻转课堂促进了学生的深度学习和协作能力的发展。在课外自主学习的基础上，学生带着问题和思考进入课堂，为深入讨论和探究提供了前提。

课堂上，教师引导学生围绕核心问题进行探讨，鼓励学生质疑、分享见解、共同解决问题。这种深度互动不仅加深了学生对知识的理解和应用，还培养了学生的批判性思维和解决问题的能力。此外，翻转课堂还鼓励学生之间的合作与交流，通过小组协作、角色扮演等方式，让学生在实践中学习如何与他人有效沟通、协作完成任务，提升了学生的团队协作能力和社会交往能力。

翻转课堂作为一种创新的教学模式，在高校英语教学中具有广泛的应用前景和深远的意义。它不仅提高了学生的自主学习能力和课堂互动效率，还促进了学生的深度学习和协作能力的发展。随着教育技术的不断进步和教育理念的持续更新，翻转课堂必将为高校英语教学带来更多的变革和进步。

三、协作学习与翻转课堂的结合

在高校英语教学中，将协作学习与翻转课堂相结合，能够构建出一种既高效又互动的课堂学习环境，为学生提供更加丰富和深入的学习体验。这种结合不仅促进了学生自主学习能力的培养，还强化了团队合作与沟通技能，是现代教育理念下的一种创新实践。

（一）翻转课堂：前置学习的催化剂

翻转课堂作为一种颠覆传统课堂模式的教学方法，其核心在于将知识传授的过程移至课外，通过视频、阅读材料等形式让学生在课前自主学习，而课堂时间则主要用于知识的内化、应用和深度讨论。这一模式为协作学习提供了良好的前置条件。学生在课前已经对所学知识有了初步的理解和掌握，因此在课堂上能够更加积极地参与小组讨论、问题解决等协作活动，使协作学习更加高效和深入。

（二）协作学习：翻转课堂中的互动引擎

在翻转课堂中，协作学习成为推动课堂互动和知识内化的关键力量。通过分组讨论、角色扮演、项目合作等形式，学生们可以在课堂上充分交流思想、分享见解，共同解决学习中的难题。这种互动不仅加深了学生对知识的理解和记忆，还培养了他们的批判性思维、创新思维和团队协作能力。同时，协作学习也为学生提供了一个展示自我、提升自信的平台，使他们在轻松愉快的氛围中享受学习的乐趣。

（三）实施策略与技巧

1. 分组策略

在协作学习中，合理的分组是确保活动顺利进行的前提。教师应根据学生的英语水平、性格特点和学习能力等因素进行综合考虑，采用异质分组的方式，使每个小组都能包含不同背景和能力的学生，从而促进知识的互补和交流。同时，小组规模不宜过大，以确保每位成员都能有充分的发言和参与的机会。

2. 协作任务设计

协作任务的设计应紧扣教学目标和学生实际，具有挑战性、开放性和实践性。任务应能够激发学生的学习兴趣，促使他们主动探索、积极合作。

同时，任务还应具有明确的评价标准和反馈机制，以使学生能够及时了解自己的学习成果和不足之处，从而进行有针对性的改进和提升。

3.课堂管理

在翻转课堂与协作学习相结合的课堂上，教师需要扮演好引导者和促进者的角色。教师应密切关注学生的讨论情况，及时给予指导和帮助；同时，还应鼓励学生之间的相互评价和反馈，促进知识的共享和深化。此外，教师还应合理安排课堂时间，确保各个环节的顺利进行，使整个教学过程紧凑而高效。

4.技术支持

在信息化时代，技术支持对于翻转课堂与协作学习的实施至关重要。教师应充分利用多媒体、网络平台等现代信息技术手段，为学生提供丰富的学习资源和便捷的交流工具。通过在线讨论、共享文档等方式，学生可以随时随地参与协作学习，打破时间和空间的限制，使学习更加灵活和高效。

将协作学习与翻转课堂相结合，构建高效互动的课堂学习环境，是高校英语教学的一种有益尝试。通过合理的分组策略、精心的协作任务设计、科学的课堂管理和先进的技术支持等措施，可以充分发挥两者的优势，提高教师的教学效果和学生的学习体验。

四、技术支持下的协作与翻转

在英语教学的广阔领域中，信息技术的飞速发展正逐步重塑着协作学习的面貌。在线协作平台、教学视频、即时通信工具等技术的广泛应用，不仅打破了传统课堂的空间限制，也为学生提供了更加丰富多元的学习资源和交流渠道，极大地促进了协作学习的深入发展。

（一）信息技术：协作学习的催化剂

信息技术在协作学习中的作用不可小觑。在线协作平台如 Google Docs、Microsoft Teams 等，为学生提供了一个实时共享、协同编辑的环境，使得身处不同地点的学生能够轻松组建团队，共同完成任务。教学视频则以其直观、生动的特点，成为学生自主学习的重要资源，帮助学生提前掌握基础知识，为课堂深入讨论做好准备。此外，即时通信工具如微信、Slack 等，使学生在课外也能与教师保持紧密联系，随时交流学习心得，解决疑难问题。

（二）技术工具提升协作效率

利用技术工具可以显著提升协作学习的效率。例如，通过在线协作平台，学生可以共同编辑文档、演示文稿等学习材料，实时查看并修改他人的工作成果，避免了传统协作方式中文件传输不便、版本混乱等问题。同时，平台内置的评论、批注等功能也为学生提供了便捷的反馈机制，使得意见交流更加直接、高效。此外，一些先进的协作工具还具备任务分配、进度跟踪等功能，有助于团队成员明确职责、协同推进项目。

（三）翻转课堂与技术的深度融合

翻转课堂作为一种创新的教学模式，与信息技术的深度融合进一步提升了其实施效果。在课外，学生可以通过观看教学视频、阅读电子教材等方式进行自主学习，为课堂讨论做好充分准备。而课堂时间则更多地用于答疑解惑、深入讨论和实践应用。在这一过程中，技术工具发挥了重要作用。例如，教师可以通过在线调查工具收集学生的学习反馈，了解学生的学习难点和兴趣点，从而调整教学策略；学生则可以利用电子投票系统、互动白板等工具参与课堂互动，表达自己的观点和见解。

（四）技术赋能下的翻转课堂优势

技术支持下的翻转课堂具有诸多优势。首先，它打破了时间和空间的限制，使学习更加灵活便捷。学生可以根据自己的实际情况安排学习时间和进度，充分利用碎片时间进行学习。其次，技术工具的应用丰富了教学手段和教学资源，使得课堂更加生动有趣。通过视频、动画、图片等多种形式展示知识内容，可以激发学生的学习兴趣和积极性。最后，翻转课堂强调学生的主体性和参与性，鼓励学生主动探索、积极思考和合作交流。在技术工具的辅助下，学生可以更加便捷地获取学习资源和交流机会，从而更好地实现这一目标。

信息技术在协作学习与翻转课堂中发挥着至关重要的作用。它不仅为学生提供了更加丰富多元的学习资源和交流渠道，还极大地提升了协作学习的效率和翻转课堂的实施效果。随着教育技术的不断进步和应用场景的不断拓展，我们有理由相信，技术支持下的协作学习与翻转课堂将在高校英语教学中展现出更加广阔的发展前景。

五、挑战与应对策略

（一）挑战分析

在高校英语教学中，协作学习与翻转课堂的实施面临多方面的挑战。首先，学生自主学习能力的不足是一个显著问题。部分学生可能由于学习动力不足、自我管理能力欠缺或学习习惯不佳，难以在课前独立完成学习任务，从而影响了课堂讨论和协作的深度与广度。其次，技术障碍也是不可忽视的挑战。尽管现代技术为教学提供了诸多便利，但部分学生可能因经济条件、技术设备或操作技能等因素，无法充分利用网络资源和技术工具进行学习，限制了其学习效率和参与度。最后，教师角色转变与能力提升的挑战同样重要。协作学习与翻转课堂要求教师从传统的知识传授者转变为学生学习的引导者和促进者，这对教师的教育理念、教学方法和专业技能提出了新的要求，而部分教师可能因习惯于传统教学模式而难以迅速适应这一转变。

（二）应对策略与建议

针对上述挑战，我们可以采取以下应对策略与建议：首先，为了提升学生自主学习能力，教师应明确学习目标和要求，提供丰富多样的学习资源和个性化学习指导，同时建立激励机制，激发学生的学习兴趣和动力。其次，针对技术障碍问题，学校应提供必要的技术设备支持和技术培训，帮助学生掌握信息技术技能，并开发适应性强的在线学习平台，确保不同技术水平的学生都能方便地使用平台进行学习和协作。最后，针对教师角色转变与能力提升的挑战，学校应加强教师培训，帮助教师更新教育理念、掌握新的教学方法和技能，并建立教师交流平台，鼓励教师之间分享教学经验、探讨教学问题，共同促进教学能力的提升。此外，教师自身也应持续反思教学实践，不断调整教学策略和方法，以适应学生需求和教学环境的变化。

通过综合施策、多方努力，我们可以有效地应对协作学习与翻转课堂在高校英语教学中面临的挑战，推动教学模式的顺利实施，提升教学效果和学生的学习体验。

第四节 混合式学习与在线教育的探索

一、混合式学习的定义与特点

混合式学习作为一种融合线上与线下教学资源与学习活动的教学模式，正逐渐成为英语教育领域的重要趋势。它不是将传统课堂教学与数字化学习简单相加，而是通过精心设计的策略，将两者有机融合，以最大化地发挥各自的优势，提升教学效果和学习体验。

（一）混合式学习的概念界定

混合式学习顾名思义，是指在学习过程中，学生既能在实体课堂接受教师的直接指导，又能利用网络平台进行自主学习、协作交流和实践探索。这种教学模式打破了时间和空间的限制，让学习不再局限于教室之内，而是延伸到了任何有网络连接的地方。在高校英语教学中，混合式学习通常包括线上预习复习、观看教学视频、参与在线讨论、完成在线测试等线上活动，以及课堂讨论、小组合作、教师面授等线下活动。

（二）灵活性：时间与空间的双重解放

混合式学习的首要优势在于其高度的灵活性。对于大学生而言，他们面临着繁重的课业负担和多样的课外活动，时间管理成为一大挑战。混合式学习允许学生根据自己的时间安排，灵活选择学习时间和地点。无论是清晨的图书馆，还是夜晚的宿舍，甚至是周末的咖啡馆，只要有网络连接，学生就能随时随地进行学习。这种灵活性不仅减轻了学生的时间压力，还提高了学习效率，使学习成为一种更加自主和愉悦的体验。

（三）个性化：满足不同学习需求

每个学生都是独一无二的个体，他们拥有不同的学习风格、兴趣偏好和认知能力。混合式学习通过提供多样化的学习资源和个性化的学习路径，满足了学生的不同学习需求。在线上平台，学生可以根据自己的学习进度和兴趣点，选择适合自己的学习材料和学习节奏。同时，智能推荐系统还能根据学生的学习行为和反馈，为其推荐更加精准的学习内容。这种个性化的学习方式，有助于激发学生的学习兴趣和动力，促进深度学习的发生。

（四）互动性：增强学习体验与效果

互动性是混合式学习的另一大亮点。在线上平台，学生可以通过论坛、聊天室等渠道与教师和同学进行实时交流，分享学习心得、解答疑惑、讨论问题。这种跨越时空的互动方式，不仅拓宽了学生的交流范围，还加深了他们对知识的理解和记忆。此外，线下的课堂讨论和小组合作活动也为学生提供了面对面交流的机会，促进了学生之间的思想碰撞和情感交流。这种线上线下相结合的互动方式，极大地增强了学生的学习体验和学习效果。

混合式学习以其灵活性、个性化和互动性等优势，在高校英语教学中展现出了巨大的潜力和价值。它不仅为学生提供了更加丰富多元的学习资源和更加自主便捷的学习方式，还促进了学生的深度学习、协作能力和创新思维的发展。随着教育技术的不断进步和教育理念的持续更新，我们有理由相信，混合式学习将在未来高校英语教学中发挥更加重要的作用。

二、在线教育平台的选择与利用

（一）国内外主流在线教育平台概览

在英语教学的广阔天地里，在线教育平台以其灵活性与资源丰富性成为不可或缺的教学辅助工具。国内外主流平台各具特色，如MOOCs(Massive Open Online Courses，大型开放在线课程）以其广泛的受众基础和全球性的课程资源著称，为学习者提供了跨越国界的知识获取途径。MOOCs 平台如 Coursera、edX、中国大学 MOOC 等，不仅涵盖了从基础英语到高级英语、商务英语、跨文化交际英语等多个领域的课程，还通过视频讲座、在线讨论、作业提交与互评等形式，促进了学习者的自主学习与互动交流。另外，SPOCs（Small Private Online Courses，小规模限制性在线课程）则更加注重课程的个性化与深度教学。这些平台往往由高校或教育机构自主开发，针对特定学生群体（如校内学生、特定行业从业者等）开放，通过限制课程规模、提供定制化教学内容和更紧密的师生互动，实现了教学效果的显著提升。国内外一些知名高校和教育机构纷纷推出自己的SPOCs平台，如清华大学的“学堂在线”、哈佛大学的“HarvardX”等，为学习者提供了高质量、定制化的英语学习体验。

（二）选择适合学生需求的在线教育平台

在选择适合高校英语教学的在线教育平台时，需综合考虑多个方面的因素。首先，应关注平台的课程质量与内容覆盖面，确保所提供的课程能够满足学生的学习需求，并与教学目标相契合。其次，要考虑平台的易用性与互动性，确保学生能够轻松上手，并能在学习过程中积极参与讨论、提问与反馈。此外，平台的稳定性与技术支持也是不可忽视的因素，良好的技术支持能够保障学习过程的顺畅进行，避免因技术问题影响学习效果。

具体来说，选择在线教育平台时，可以参考以下建议：一是查看平台的课程目录与师资力量，选择那些由知名教授或行业专家授课、课程内容丰富且与时俱进的平台。二是试用平台的各项功能，如视频播放、在线测试、讨论区等，评估其易用性与互动性。三是了解平台的用户评价与口碑，通过查阅学生评价、论坛讨论等方式，获取更全面的信息。四是考虑平台的费用与权益保障，选择性价比高、权益保障完善的平台。

（三）有效利用在线教育平台资源

选择了合适的在线教育平台后，如何有效利用其资源成为关键。首先，教师应积极引导学生参与平台上的学习活动，如观看视频讲座、完成在线作业、参与讨论等，确保学生能够充分利用平台资源进行学习。其次，教师可以利用平台的数据分析功能，跟踪学生的学习进度与表现，及时调整教学策略与方法，实现精准教学。最后，教师还可以鼓励学生之间形成学习小组，利用平台的协作工具进行合作学习与知识分享，促进学生之间的交流与互动。

学生也应充分发挥主观能动性，积极参与平台上的学习活动，主动探索未知领域，拓宽知识视野。在学习过程中，学生应养成良好的学习习惯，如定时复习、积极提问、及时反馈等，以提高学习效率与效果。此外，学生还可以利用平台上的自测与评估工具，对自己的学习成果进行检验与反思，及时调整学习策略与方法。

选择适合学生需求的在线教育平台并有效利用其资源，对于提升高校英语教学效果具有重要意义。通过不断探索与实践，我们可以更好地发挥在线教育平台的优势，为学生提供更加优质、高效的英语学习体验。

三、混合式学习课程设计

在高校英语教学中，设计一门成功的混合式学习课程，需要精心构建线上与线下学习的无缝衔接，确保课程内容的系统性、连贯性和创新性。这一过程涉及多个方面的考量，包括教学目标设定、教学资源整合、学习活动安排以及评估机制建立等。

（一）明确教学目标与课程内容

混合式学习课程设计的第一步是明确教学目标，即确定学生通过课程学习应达到的知识、技能和态度目标。这些目标应具体、可测量，并与高校英语教学的总体要求相契合。随后，根据教学目标规划课程内容，确保线上与线下内容既相互独立又紧密相联，共同支撑教学目标的实现。线上内容可以侧重于知识的传递和自主学习能力的培养，如教学视频、阅读材料、在线测试等；线下内容则更多关注知识的应用、实践能力的提升以及情感态度的培养，如课堂讨论、小组项目、角色扮演等。

（二）整合教学资源与平台

混合式学习课程设计需要充分利用各种教学资源和技术平台。在线上方面，应选择稳定、易用、功能齐全的学习管理系统，如 Moodle、Blackboard 等，用于发布学习材料、组织在线讨论、监控学习进度等。同时，还需整合优质的教学视频、电子书籍、在线词典等数字资源，为学生提供丰富的学习素材。在线下方面，教师应准备多样化的教学材料，如 PPT、实物教具、互动软件等，以支持课堂活动的顺利进行。此外，还应考虑如何促进线上与线下资源的相互引用和补充，以增强学习的连贯性和深度。

（三）安排学习活动与任务

混合式学习课程设计中的学习活动安排至关重要。线上学习活动应注重学生的自主学习和反思能力培养，如观看教学视频后的在线测试、小组讨论中的观点阐述、学习心得的博客撰写等。线下活动则应强调师生互动和生生互动，如课堂讲解与讨论、小组汇报与互评、角色扮演与模拟演练等。这些活动应围绕教学目标展开，具有明确的任务导向和评价标准。同时，还应考虑如何平衡线上与线下活动的比例和难度，确保学生在两种学习环境中都能保持积极的学习状态。

（四）确保课程设计的系统性与连贯性

混合式学习课程设计必须注重系统性和连贯性。这要求教师在设计课程时，要充分考虑各个教学环节之间的逻辑关系和内在联系，确保课程内容的有序展开和逐步深化。在线上线下内容的衔接上，教师应设计明确的过渡环节和转换策略，帮助学生顺利实现从线上到线下的学习转换。同时，还应注意课程内容的层次性和递进性，确保学生在完成每个学习任务后都能获得相应的知识和技能的提升。

（五）创新课程设计以激发学生学习兴趣

为了激发学生的学习兴趣和动力，混合式学习课程设计还应注重创新性。这包括采用新颖的教学方法和手段、引入贴近学生生活的学习情境、设计富有挑战性的学习任务等。例如，教师可以利用虚拟现实技术模拟真实的语言环境，让学生在沉浸式的体验中提高口语交流能力；或者通过设计跨学科的项目式学习任务，引导学生将英语学习与专业知识相结合，培养综合运用语言的能力。这些创新性的设计不仅有助于提升学生的学习效果，还能培养他们的创新思维和批判性思维。

四、学习支持与评估机制

（一）混合式学习中的学习支持体系

在混合式学习的框架下，构建一套完善的学习支持体系至关重要。这一体系旨在为学生提供全方位、多层次的学习援助，确保他们能够在学习过程中获得必要的帮助和指导。学习辅导的即时响应与个性化定制是体系的核心，教师应利用在线平台或通信工具，确保对学生提出的疑问进行快速反馈，并根据学生的学习风格和进度，提供量身定制的学习资源和建议。这样的个性化辅导有助于满足学生的不同需求，提升学习成效。

同时，学习社群的建立与积极互动也是不可或缺的。通过构建学习社群，学生可以相互分享学习资料、交流学习心得、共同解决问题，形成良好的学习氛围。社群中的互动不仅促进了学生之间的合作与交流，还提升了他们的归属感和集体荣誉感。

此外，丰富的学习资源库也是学习支持体系的重要组成部分。教师应不断收集、整理和更新各类学习资源，包括教学视频、阅读材料、在线测试等，确保学生能够方便地获取所需的学习材料、拓宽知识视野、深化知识理解。

（二）多元化评估机制的探索与实践

为了全面、客观地评估学生的学习成效和参与度，我们需要构建一个多元化的评估机制。这一机制不仅关注学生的学习成果，还重视学习过程、学习态度以及综合能力的发展。首先，应将过程性评价与总结性评价相结合。过程性评价关注学生在学习过程中的表现和努力程度，通过日常观察、作业提交、在线讨论等方式收集数据；而总结性评价则侧重于对学生学习成果的最终评价，如期末考试、项目展示等。两者相结合，可以更全面地反映学生的学习情况和发展趋势。其次，定量评估与定性评估并重也是多元化评估机制的重要特点。定量评估通过数值和量化指标来评价学生的学习成效，如考试成绩、作业得分等；而定性评估则关注学生的学习过程、思维方式、情感态度等非量化方面。通过综合运用定量和定性评估方法，需要更深入地了解学生的学习特点和需求，为教学提供更有针对性的指导。最后，学生自评与互评的引入也是多元化评估机制的一大亮点。引导学生对自己的学习情况进行自我评估，并鼓励他们相互之间进行评价和反馈，培养学生的自我反思能力和批判性思维。同时，互评还有助于学生之间的相互学习和共同进步。

综上所述，构建完善的学习支持体系和多元化评估机制是混合式学习成功的关键。通过提供全方位的学习支持和全面的评估反馈，可以激发学生的学习动力，促进他们的全面发展。

五、在线教育面临的挑战与机遇

（一）在线教育在高校英语教学中的挑战

随着信息技术的飞速进步，在线教育已成为高校英语教学中不可或缺的一部分，它打破了时空限制，为学习者提供了前所未有的灵活性和资源多样性。然而，这一新兴教学模式在多个方面仍面临着诸多挑战。

技术发展不均衡是首要挑战。尽管互联网技术的普及率逐年上升，但地区间、学校间乃至学生个体间的技术条件差异显著。部分偏远地区或经济条件较差的学生可能难以获得稳定高速的网络连接以及适配的教学设备，这直接影响了在线学习的效果与参与度。教学质量保障难题紧随其后。在线教学环境下，教师难以像传统课堂那样即时观察学生的反应并调整教学策略，如何确保教学内容的吸引力、如何评估学生的真实学习状态、如何设计有效的互动环节以促进学生深度思考，成为提升教学质量的关键难题。此外，教师自身的信息技术能力也是影响教学质量的重要因素。

师生互动的局限也是不容忽视的问题。传统课堂中的即时问答、小组讨论等互动方式在在线环境中难以完全复制。虽然视频会议、在线讨论区等工具能够在一定程度上弥补这一不足，但它们往往缺乏面对面交流的自然性和深度。如何构建积极、高效的在线师生互动模式，增强学生的归属感和参与感，是在线教育亟待解决的问题。

（二）在线教育在高校英语教学中的机遇与趋势

在线教育在高校英语教学领域同样展现出了广阔的发展前景和无限可能，个性化学习的兴起为在线教育带来了新的机遇。在线教育平台能够利用大数据和人工智能技术，分析学生的学习行为和偏好，为其量身定制学习计划和资源。这种个性化的学习方式能够更好地满足学生的不同需求，提高学习效率和学习效果。

全球教育资源的共享也是在线教育的一大优势。互联网打破了地域界限，使得全球优质的英语教育资源得以跨越国界，供广大师生共享。学生可以直接接触到来自世界各地的英语母语教师、原汁原味的英语材料和文化背景，从而拓宽国际视野，提升跨文化交际能力。

教学模式的创新为在线教育注入了新的活力。翻转课堂、混合式学习等新型教学模式逐渐兴起，它们将线上学习与线下实践相结合，既保留了传统课堂的优势，又发挥了在线教育的灵活性和便捷性。这些模式有助于激发学生的学习兴趣，培养其自主学习和终身学习的能力。在线教育还有助于推进教育公平。通过提供免费的在线课程和资源，偏远地区和经济条件较差的学生也能享受到高质量的教育资源，从而提升其英语水平和学习竞争力。这对于缩小教育差距、促进教育公平具有重要意义。

在线教育在高校英语教学领域既面临挑战也充满机遇。未来，随着技术的不断进步和教学模式的持续创新，在线教育有望为英语教学带来更加深刻的变革和更加显著的成效。

第五节　教学方法改革的成效评估

一、评估指标体系的构建

（一）评估指标体系的重要性

在高校英语教学方法改革的浪潮中，构建一套科学、全面的成效评估指标体系显得尤为重要。这一体系不仅是对教学改革成果的直接检验，更是推动教学质量持续提升的关键动力。通过评估，我们可以清晰地认识到教学改革的成效与不足，进而为后续的改进提供有力的数据支持和方向指引。一套完善的评估指标体系能够确保评估结果的客观性和公正性，促进教学资源的优化配置，最终实现学生英语综合能力的全面提升。

（二）评估指标的选择原则

在构建评估指标体系时，需遵循一系列科学的选择原则，以确保评估的准确性和有效性。首先，指标应具有代表性，能够全面反映教学方法改革的核心内容和关键要素。例如，学生满意度作为评估指标之一，能够直观反映学生对教学改革成果的认可程度。其次，指标应具有可操作性，便于数据收集和分析。例如，学业成绩作为量化指标，其数据易于获取且便于统计处理。此外，指标还应具有发展性，能够反映学生英语能力的动态变化过程，如能力发展指标，它关注学生从知识掌握到实际应用的能力转变。

（三）评估指标的多元化设计

为了构建一套全面的评估指标体系，我们需要从多个维度出发，设计多元化的评估指标。

1. 学习成效

学业成绩用来评估学生对英语知识的掌握程度，包括听力、阅读、写作和口语等各个方面的表现。同时，可以引入标准化测试成绩，如 CET-4/6 等，作为外部评价的依据。

2. 能力发展

关注学生英语综合能力的提升，包括批判性思维、跨文化交际能力、自主学习能力等。这些能力的发展可以通过课堂观察、项目作业、小组讨论等多种形式进行评估。

3. 学习态度与参与度

评估学生对英语学习的积极性和参与度，如课堂互动情况、作业完成情况、课外学习资源利用情况等。这些指标能够反映学生的学习态度和习惯，对于提升教学效果具有重要作用。

4. 教学方法与手段的创新性

评估教师在教学过程中采用的教学方法和手段是否具有创新性，是否能够激发学生的学习兴趣和动力，可以通过教学设计、教学课件、教学反思等多种途径进行评估。

学生满意度与反馈：通过问卷调查、访谈等方式收集学生对教学方法改革的满意度和反馈意见，了解学生对教学内容、教学方式、教学环境等方面的看法和建议。这些信息对于持续改进教学方法具有重要意义。

构建科学、全面的高校英语教学方法改革成效评估指标体系是一项系统工程，需要我们从多个维度出发，设计多元化的评估指标，并遵循科学的选择原则进行操作。只有这样，我们才能准确评估教学改革的成效与不足，为提升高校英语教学质量提供有力的支持。

二、数据收集与分析方法

（一）多元化数据收集策略

在高校英语教学方法改革的评估过程中，为了确保评估结果的全面性和客观性，我们采用了多元化的数据收集策略。这一策略涵盖了多种方法和工具，旨在从不同角度和层面捕捉教学改革带来的变化和影响。

问卷调查作为一种常见的量化研究方法，被广泛应用于收集学生对教学方法改革的反馈意见。问卷内容通常包括学生对教学内容、教学方式、教学环境等方面的满意度评价，以及他们在学习过程中遇到的主要问题和建议。通过问卷调查，我们可以快速获取大量数据，并进行统计分析，以了解学生对教学改革的整体感受。访谈作为一种质性研究方法，能够提供更深入、细致的信息。在访谈中，我们可以与学生进行面对面的交流，了解他们对教学方法改革的个人看法和感受。访谈不仅关注学生对教学改革的满意度评价，还深入挖掘他们在教学过程中的具体体验和学习行为变化。通过访谈，我们可以获得更加丰富、生动的第一手资料，为评估提供有力的支持。

此外，课堂观察也是数据收集的重要手段之一。通过课堂观察，我们可以直接观察学生在课堂上的表现和学习状态，了解他们对教学内容的理解和掌握程度。同时，我们还可以观察教师的教学行为和教学策略的运用情况，以评估教学方法改革在实际教学中的应用效果。课堂观察具有直观性和即时性的特点，能够为我们提供真实、可靠的数据支持。

除了问卷调查、访谈和课堂观察外，我们还鼓励学生通过学习日志和作品集来记录自己的学习过程和成果。学习日志作为学生个人学习经历的记录，能够反映他们在学习过程中的思考、感悟和成长。作品集则展示了学生在特定任务或项目中的学习成果和创作能力。通过收集和分析这些资料，我们可以更全面地了解学生的学习情况和能力发展程度。

（二）量化与质性分析的结合

在数据收集之后，我们需要对收集到的数据进行深入的分析和处理。为了确保分析结果的准确性和科学性，我们采用了量化与质性分析相结合的方法。量化分析主要通过统计软件对问卷调查、学业成绩等量化数据进行处理和分析。例如，我们可以统计学生成绩的提升幅度、参与度的变化等量化指标，以评估教学方法改革对学生学习成效的直接影响。量化分析具有客观性和可重复性的特点，能够为我们提供直观、明确的数据支持。

然而，仅仅依靠量化分析是不足以全面反映教学方法改革的影响的。因此，我们还需要进行质性分析，以深入理解学生反馈、学习行为模式等质性数据背后的含义和规律。质性分析通常采用内容分析法、话语分析法等方法，对访谈记录、学习日志、学生作品等文本资料进行深入的解读和分析。通过质性分析，我们可以发现学生在教学过程中的真实体验和感受，以及他们在学习方法、学习态度等方面的变化和成长。

量化与质性分析的结合使我们能够更加全面、深入地了解教学方法改革的成效与不足。通过量化分析，我们可以获得客观、明确的数据支持；通过质性分析，我们可以深入挖掘数据背后的含义和规律。两者相辅相成，共同构成了评估教学方法改革成效的完整框架。

三、成效评估的周期性

（一）短期评估：学期中的即时反馈与调整

在高校英语教学成效评估体系中，短期评估扮演着至关重要的角色，它主要聚焦于学期中的即时反馈与调整。这一阶段的评估，旨在快速捕捉教学过程中的亮点与不足，以便教师能够及时调整教学策略，确保教学效果的最大化。

具体而言，短期评估可以通过多种方式进行，包括但不限于课堂观察、学生作业分析、在线测验反馈以及即时的教学满意度调查等。课堂观察是教师直接了解学生学习状态和教学互动效果的重要途径，通过观察学生的参与度、理解程度及反应速度，教师可以及时调整讲解节奏和难度，以适应学生的学习需求。而学生作业分析和在线测验反馈则能更具体地反映出学生对知识点的掌握情况，帮助教师发现普遍存在的问题和个别学生的薄弱环节，从而进行有针对性的辅导和补充讲解。

此外，教学满意度调查也是短期评估中不可或缺的一环。通过收集学生对教学内容、教学方法、教学态度等方面的反馈意见，教师可以全面了解自身的教学表现，识别潜在的改进空间，并据此制订后续的改进计划。

（二）中期评估：学期末的全面审视与总结

相较于短期评估的即时性和针对性，中期评估更加注重对整个学期教学工作的全面审视与总结。这一阶段的评估，通常在学期末进行，旨在通过对学生学习成果的集中检验，评估教学方法改革的阶段性成效，并为下一阶段的教学工作提供指导。中期评估的内容较为广泛，既包括对学生学业成绩的量化分析，也涉及对学生学习态度、学习方法、语言能力等方面的综合评价。通过考试、项目作业、口语测试等多种形式，教师可以全面了解学生在英语学习各方面的进步与不足。同时，结合学生自评、互评以及教师评价等多维度反馈，可以形成对学生学习成效的立体画像，为后续的个性化教学提供依据。

此外，中期评估还是教师自我反思和提升的重要契机。通过对教学过程的回顾与总结，教师可以分析教学方法的有效性、教学资源的利用率以及教学互动的质量等方面的问题，并思考如何进一步优化教学设计、提升教学质量。

（三）长期评估：毕业后的跟踪调查与长远影响

长期评估是高校英语教学成效评估体系中最深远的一环，它关注于教学方法改革对学生长远发展的影响。这一阶段的评估，通常在学生毕业后进行，通过跟踪调查的方式，了解学生在职场或日常生活中对英语能力的运用情况，以及他们对英语教学质量的反馈意见。

长期评估的意义在于，它能够揭示教学方法改革对学生终身学习的潜在影响。通过对比不同教学方法下学生的长期发展轨迹，可以评估出哪些教学方法更有利于培养学生的自主学习能力、跨文化交际能力和创新能力等关键能力。这些评估结果不仅有助于教师不断完善自身的教学方法，还能够为教育决策部门提供有价值的参考信息，推动整个教育体系的持续改进和优化。同时，长期评估也是建立高校英语教学质量保障体系的重要环节。通过对学生毕业后英语能力的持续跟踪和反馈收集，可以形成对高校英语教学质量的长期监测和评估机制，确保教学方法改革始终围绕学生需求和社会发展趋势进行，为培养具有国际视野和跨文化交际能力的高素质人才奠定坚实的基础。

四、反馈与调整机制

（一）建立多向互动的反馈体系

在高校英语教学改革的背景下，建立一套高效、多向互动的反馈体系是至关重要的。这一体系旨在确保学生、教师以及管理层能够积极参与评估过程，共同为教学方法的改进贡献力量。

首先，学生作为教学活动的主体，其反馈意见对于评估教学方法的有效性具有不可替代的作用。因此，我们需要通过定期的学生满意度调查、匿名反馈箱、在线评价平台等多种渠道，鼓励学生积极表达自己的学习体验和感受。这些反馈不仅能够揭示教学方法的优势与不足，还能为后续的调整提供宝贵的参考。其次，教师的反馈同样重要。作为教学改革的直接执行者，教师对于教学方法的适应性和效果有着深刻的理解和体会。通过组织教师研讨会、教学日志分享、同行评审等活动，我们可以促进教师之间的交流与合作，共同探讨教学中的问题和挑战，并寻找解决方案。最后，管理层的参与和支持也是反馈体系不可或缺的一部分。管理层应定期审查评估结果，了解教学改革的整体进展和存在的问题，并为教师提供必要的资源和支持。同时，管理层还应积极听取学生和教师的意见和建议，确保反馈渠道的畅通无阻。

（二）基于评估结果的动态调整策略

在收集到丰富的反馈意见后，我们需要及时对评估结果进行深入的分析和解读，以明确教学方法中存在的问题和改进的方向。随后，我们可以根据评估结果和反馈意见，制定具体的调整策略，并付诸实施。调整策略的制定应遵循以下原则：一是针对性强，即针对评估中发现的具体问题制定相应的解决措施。二是可操作性强，即调整策略应具体、明确、易于执行。三是持续性强，即调整不是一次性的工作，而是需要随着教学改革的深入而不断调整和完善。

在调整过程中，我们需要注重以下几个方面：一是优化教学内容和教学资源，确保教学内容的时效性和针对性。二是改进教学方法和手段，采用更加灵活多样的教学方式，激发学生的学习兴趣和积极性。三是加强师生互动和合作，营造良好的课堂氛围和学习环境。四是完善评估体系，确保评估结果的科学性和公正性。

通过不断的反馈与调整，我们可以形成一个持续改进的良性循环。在这个循环中，教学方法不断得到优化和完善，学生的英语综合能力不断提升，教师的专业素养和教学能力也不断提高。最终，我们将能够构建出一个更加高效、更加符合学生需求的英语教学体系。

五、成果展示与分享

（一）搭建多元平台，促进成果展示

在高校英语教学领域，成果展示与分享是推动教学方法创新与发展的重要途径。为此，需积极搭建多元化的展示平台，如学术研讨会、教学展示会及经验交流会等，为教师们提供一个展示教学改革成果、交流教学经验的广阔舞台。学术研讨会作为高层次、专业化的交流平台，汇聚了国内外众多英语教学专家与学者。通过组织专题报告、论文宣读及圆桌讨论等环节，研讨会能够深入探讨高校英语教学的新理念、新方法与新趋势，展示最新的教学改革成果。这些成果不仅涵盖了教学内容的创新、教学技术的应用，还涉及教学评价体系的改革等多个方面，为参会者提供了丰富的学习与借鉴资源。

教学展示会则更加侧重于教学实践的展示与交流。通过模拟课堂、教学视频展示及教学材料展览等形式，教师们可以直观地展示自己在教学方法改革方面的探索与实践。这种直观的展示方式有助于激发与会者的兴趣与灵感，促进教学经验的交流与分享。同时，教学展示会还为教师们提供了一个相互学习、相互启发的机会，有助于推动整个教学团队的专业成长与能力提升。

（二）强化交流合作，共促创新发展

在成果展示与分享的过程中，交流合作是不可或缺的一环。鼓励教师之间、学校之间乃至国际的交流与合作，有助于打破地域与学科的界限，汇聚更广泛的智慧与资源，共同推动英语教学方法的创新与发展。

教师之间的合作是教学改革的重要驱动力。通过组建教学研究小组、开展集体备课及教学观摩等活动，教师们可以共同探讨教学难题、分享教学心得，形成协同创新与共同发展的良好氛围。这种合作模式有助于促进教师个体之间的优势互补与资源共享，提升整个教学团队的教学质量与水平。

学校之间的合作则为教学方法的创新提供了更广阔的空间。通过校际间的联合教学、资源共享及项目合作等方式，学校可以充分利用各自的优势资源，共同探索符合时代需求与学生特点的教学方法。这种合作模式有助于推动教学方法的多样化与个性化发展，为高校英语教学注入新的活力与生机。

此外，国际的交流与合作也是推动高校英语教学方法创新的重要途径。通过参与国际学术会议、与国外高校建立合作关系及开展跨国教学项目等方式，教师可以了解国际前沿的教学理念与教学方法，借鉴国外先进的教学经验与技术手段。这种跨国界的交流与合作有助于拓宽教师的国际视野与跨文化交际能力，为培养具有国际竞争力的高素质人才奠定坚实的基础。

第三章　英语教学内容的创新与拓展

第一节　文化交流与英语教学

一、文化融入教学原则

（一）真实性原则：构建真实文化体验

在高校英语教学中融入文化元素时，首要原则是确保文化的真实性。这意味着所选取的文化内容应当贴近目标语言国家的实际生活，反映其真实的社会现象、价值观念、风俗习惯及历史背景。通过呈现真实的文化场景，学生能够更深入地理解语言背后的文化内涵，避免对异国文化产生刻板印象或误解。为此，教师可运用多种教学资源，如原版教材、纪录片、新闻报道及社交媒体等，为学生提供第一手的文化资料，营造身临其境的学习氛围。

（二）相关性原则：连接语言与文化的学习

相关性原则强调文化内容应与学生当前的学习目标、生活经历及未来职业需求紧密相连。在英语教学中，高校教师应根据学生的实际情况，选择与学生兴趣、专业背景或未来职业规划相关的文化话题，使语言学习与文化理解相互促进。例如，对于商务英语专业的学生，可以引入国际商务礼仪、跨文化商务谈判等内容；对于旅游管理专业的学生，则可以介绍不同国家的旅游资源、旅游文化及旅游英语等。通过这种方式，学生不仅能够提升语言能力，还能增强对目标语言国家文化的敏感性和适应能力。

（三）平衡性原则：多元文化视角的呈现

平衡性原则要求在英语教学中融入多元文化视角，避免对单一文化的过度强调。除了传统的英美文化外，还应将亚洲、非洲、拉丁美洲等其他地区的文化纳入教学内容，以拓宽学生的国际视野，培养其全球意识和跨文化交际能力。在教学过程中，教师应注重不同文化之间的比较与对话，引导学生理解并尊重文化的多样性，学会在多元文化环境中进行有效沟通。同时，教师还需注意避免文化偏见和歧视，确保教学内容的客观性和公正性。

（四）深度性原则：挖掘文化内涵与价值观

深度性原则旨在引导学生深入挖掘文化现象背后的深层含义和价值观。在高校英语教学中，教师应引导学生不仅关注文化表面的表现形式，更要理解其背后的历史渊源、社会结构、宗教信仰及价值观念等深层次因素。通过批判性思维和深度分析的训练，学生能够更加全面地认识异国文化，形成自己独立的见解和判断。此外，教师还应鼓励学生将所学文化知识与个人经历相结合进行反思与总结，以促进其个人成长和跨文化素养的提升。

二、多元文化视角

（一）拓宽国际视野的必要性

在全球化的今天，英语作为国际交流的主要语言，其教学已远远超越了单纯的语言技能传授。高校英语教育应当承担起培养学生跨文化交际能力、拓宽国际视野的重要使命。引入多元文化视角，意味着在教学内容、方法和目标上全面融入世界各国的文化元素，使学生不仅掌握英语语言知识，更能理解和尊重不同文化的多样性和复杂性。

（二）多元文化内容的丰富性

在英语教学中融入多元文化，首先要打破传统教学中以英美文化为主导的局面。除了英美文学、历史、社会等经典内容外，还应广泛引入亚洲、非洲、拉丁美洲等其他地区的文化素材。这些文化素材可以涵盖文学作品、电影、音乐、艺术、风俗习惯、节日庆典等多个方面，通过多样化的教学资源，让学生感受到不同文化的独特魅力和深层内涵。

（三）教学方法的创新与实践

为了有效融入多元文化视角，高校英语教学需要在方法上进行创新。教师可以采用情景模拟、角色扮演、小组讨论等互动式教学方法，让学生在模拟的真实场景中体验不同文化的交流方式。同时，利用现代信息技术手段，如多媒体教学、在线教学资源等，为学生提供丰富的视觉、听觉和互动体验，增强学习的趣味性和实效性。此外，还可以邀请来自不同文化背景的专家、学者或留学生进行交流，让学生直接与多元文化接触，增进理解和尊重。

（四）跨文化交际能力的培养

跨文化交际能力是高校英语教学的重要目标之一。在融入多元文化视角的过程中，教师应注重培养学生的跨文化意识、跨文化敏感性和跨文化适应能力。通过对比分析不同文化的异同点，教师要引导学生认识到文化多样性的价值，学会尊重和理解不同文化的差异。同时，通过模拟跨文化交际场景，教师要让学生在实践中锻炼自己的跨文化交际能力，包括语言沟通能力、非语言沟通能力、文化适应能力等。

（五）促进学生全面发展

融入多元文化视角的高校英语教学，不仅有助于提升学生的英语语言能力，更重要的是能够促进学生的全面发展。在接触和了解不同文化的过程中，学生可以拓宽自己的知识视野，增强自己的文化素养和人文精神。同时，通过与不同文化背景的人交流和合作，学生可以培养自己的全球视野和国际竞争力，为未来的跨国交流和合作打下坚实的基础。

引入多元文化视角是高校英语教学改革的重要方向之一。通过丰富的教学内容、创新的教学方法、培养跨文化交际能力等措施，我们可以有效地拓宽学生的国际视野，促进学生的全面发展，为培养具有国际视野和跨文化交际能力的高素质人才贡献力量。

三、文化对比与理解

（一）文化对比活动的设计与实施

在高校英语教学中，文化对比活动是一种有效的教学策略，旨在通过直接对比不同文化间的异同，加深学生对多元文化的理解和认知。设计此类活动时，教师应注重活动的趣味性、参与性和启发性，以激发学生的学习兴趣和探索欲。活动设计之初，教师应明确对比的主题和范围，确保所选文化点既具有代表性又能够引发学生的共鸣。例如，可以选取节日庆典、饮食习惯、教育制度、社交礼仪等贴近学生生活且易于理解的文化元素作为对比对象。随后，教师需准备丰富的资料，包括文字描述、图片展示、视频资料等，以便多角度、多层次地呈现不同文化的特色。

实施文化对比活动时，教师可采用小组讨论、角色扮演、案例分析等多种形式，鼓励学生积极参与并发表个人见解。在小组讨论中，学生可围绕特定文化点展开讨论，分享各自的知识和经验，同时倾听他人的观点，形成多元文化的交流氛围。角色扮演则能让学生亲身体验不同文化背景下的生活场景，加深对文化差异的直观感受。案例分析则通过具体的实例，引导学生深入分析文化现象背后的原因和影响，提升其跨文化批判性思维能力。

（二）增强跨文化敏感性与包容性的策略

文化对比活动的核心目标之一是增强学生的跨文化敏感性和包容性。为了实现这一目标，教师在活动过程中需采取一系列策略，引导学生正确看待文化差异，培养他们尊重和理解不同文化的态度。

首先，教师应强调文化多样性的价值，让学生认识到每一种文化都有其独特的魅力和贡献，值得我们去学习和尊重。通过展示不同文化的优秀成果和独特之处，教师可以激发学生的好奇心和求知欲，促使他们主动去了解和接纳多元文化。其次，教师应引导学生学会换位思考，从他人的角度去看待和理解文化现象。通过模拟不同文化背景下的情境，让学生体验他人的感受和需求，从而培养他们的同理心和包容心。这种换位思考的能力有助于学生在跨文化交际中更加敏锐地感知文化差异，更加灵活地应对文化冲突。最后，教师应鼓励学生积极参与跨文化交流活动，如国际文化节、留学生交流会等。通过亲身参与和体验，学生能够更加深入地了解不同文化的真实面貌，增进与来自不同文化背景人士之间的友谊和合作。这种跨文化的交流经验不仅有助于提升学生的跨文化交际能力，还能够拓宽他们的国际视野和人生经历。

四、文化体验与实践

（一）文化体验活动的意义与价值

在英语教学中，文化体验活动作为语言学习与文化理解的重要桥梁，其意义深远且价值显著。这些活动不仅为学生提供了直观感受异国文化的机会，还促进了语言技能在实际情境中的应用，加深了学生对不同文化背景下社会行为、价值观念及思维方式的理解。通过亲身参与，学生能够跨越书本知识的界限，实现知识与情感的双重收获，为成为具有全球视野和跨文化交际能力的人才奠定坚实基础。

（二）文化节：多元文化的盛宴

文化节是大学校园内常见的文化体验活动之一，它以其丰富的内容和多样的形式，成为连接学生与世界文化的纽带。在高校英语教学的背景下，文化节可以围绕特定国家或地区的主题展开，通过展览、表演、讲座、工作坊等多种形式，全方位展示该地区的文化特色。例如，举办亚洲文化节时，可以邀请来自亚洲各国的留学生展示传统服饰、美食、音乐、舞蹈等，同时设置语言角，鼓励学生用所学语言进行交流。这样的活动不仅能够激发学生的学习兴趣，还能增进他们对亚洲文化的了解和尊重。

（三）国际交流项目：跨文化交流的桥梁

国际交流项目是文化体验活动的另一种重要形式，它为学生提供了走出国门、亲身体验异国文化的机会。通过参与海外学习、交换生项目、国际志愿服务等，学生能够在真实的语言环境中学习和生活，与来自不同文化背景的人建立深厚的友谊。这些经历不仅能够提升学生的语言能力和跨文化交际能力，还能让他们更加深刻地理解不同文化的异同点，培养全球意识和国际视野。同时，国际交流项目也是学生个人成长和发展的重要途径，有助于他们形成独立、自信、开放的人格特质。

（四）文化体验活动的设计与实施

为了确保文化体验活动的有效性和吸引力，教师需要精心设计和组织活动。首先，要明确活动的目标和主题，确保活动内容与高校英语教学目标相契合。其次，要注重活动的多样性和参与性，通过丰富多彩的活动形式激发学生的兴趣和积极性。同时，要充分考虑学生的需求和特点，为他们提供个性化的学习体验。在实施过程中，教师应发挥引导作用，鼓励学生主动探索、积极交流，并在必要时提供必要的支持和帮助。此外，还要注重活动的评估与反馈机制建设，及时收集学生的意见和建议，不断改进和优化活动方案。

（五）文化体验活动的持续影响

文化体验活动不仅限于活动本身，其影响深远且持久。通过参与这些活动，学生能够逐渐形成对多元文化的认同和尊重，培养跨文化交流的能力和意识。这种影响将伴随学生的一生，成为他们未来职业生涯和人生道路上的宝贵财富。同时，文化体验活动也有助于推动高校英语教学的改革和创新，促进教学内容、方法和手段的多样化和现代化。因此，我们应该高度重视文化体验活动在英语教学中的作用和价值，不断探索和实践更加有效的活动形式和方法。

五、文化意识培养

（一）文化意识培养的重要性

在全球化日益加深的今天，高校英语教育已不再局限于语言技能的传授，更强调培养学生的文化意识与跨文化交际能力。文化意识作为个体对自我及他者文化的深刻理解与认知，是进行有效跨文化交际的基石。它要求学生不仅掌握语言知识，更要具备批判性思维能力，能够独立思考和评价不同文化现象，从而在多元文化的世界中保持开放、包容和理性的态度。

（二）批判性思维与文化意识的融合

批判性思维是文化意识培养的关键要素之一。它鼓励学生超越表面的文化现象，深入挖掘其背后的价值观念、社会结构、历史背景等因素，进而形成对文化全面、深刻的理解。在英语教学中，教师可以通过引导学生分析文学作品、观看纪录片、参与文化讨论等方式，培养他们的批判性思维能力。例如，在分析一篇来自不同文化背景的文学作品时，教师可以鼓励学生探讨作者的文化身份、创作背景、作品主题及文化寓意等，引导他们从多个角度审视作品，形成自己的见解和评价。

（三）独立思考能力的培养

独立思考能力是文化意识培养的另一个重要方面。它要求学生在面对复杂多变的文化现象时，能够运用所学知识进行自主分析、判断和决策。为了培养学生的独立思考能力，教师可以采用问题导向的教学方法，设计一系列具有启发性和挑战性的问题，引导学生主动探索、积极思考。同时，教师还应鼓励学生提出自己的疑问和观点，并鼓励他们与同学、教师进行交流和讨论，从而在不断的思想碰撞中深化对文化的理解和认知。

（四）文化评价能力的提升

文化评价能力是指学生能够以客观、公正、全面的态度对不同文化现象进行评价和判断的能力。在英语教学中，教师可以通过教授文化评价的方法和标准，帮助学生建立正确的文化评价观。例如，教师可以引导学生关注文化现象的真实性、创新性、社会影响力等方面，教会他们如何运用批判性思维对这些方面进行综合分析和评价。同时，教师还应鼓励学生保持开放的心态，尊重不同文化的差异性和多样性，避免陷入文化偏见和歧视的误区。

（五）跨文化交际能力的拓展

文化意识的培养最终要服务于跨文化交际能力的提升。在高校英语教学中，教师应注重将文化意识的培养与跨文化交际能力的训练相结合，通过模拟跨文化交际场景、组织跨文化交流活动等方式，让学生在实践中锻炼和提高自己的跨文化交际能力。同时，教师还应引导学生关注跨文化交际中的非言语行为、交际策略、文化差异处理等方面的问题，帮助他们更好地适应多元文化的环境，实现有效的跨文化沟通与合作。

第二节　学术英语与 ESP 教学

一、学术英语的重要性

（一）支撑学术研究的国际交流

在全球化日益加深的今天，高等教育机构已成为国际学术合作与交流的重要平台。学术英语，作为这一平台上通用的语言工具，其重要性不言而喻。它不仅是学者获取国际学术资源、追踪学科前沿的钥匙，更是参与国际学术讨论、贡献研究成果的必备能力。在深入探索学术问题时，学者需通过英文期刊、论文、会议记录等获取最新研究动态，这些资源绝大多数以英语为载体。因此，掌握学术英语，对于拓宽研究视野、提升研究水平具有至关重要的作用。

（二）论文写作的规范化与国际化

学术论文是学术研究成果的重要表现形式，其写作规范与国际化程度直接影响到成果的认可度和传播力。学术英语不仅要求准确传达研究内容，还强调语言的逻辑性、严谨性和规范性。在论文写作过程中，学生需学会运用恰当的学术词汇、构建清晰的论证结构、遵循国际通行的引用格式等。这些技能的培养，离不开对学术英语的深入学习和实践。同时，随着学术交流的国际化趋势，越来越多的学术期刊要求提交英文论文，这使得学术英语成为衡量学术论文质量的重要指标之一。

（三）国际会议交流的关键桥梁

国际会议是学术交流的重要场所，也是展示研究成果、建立学术网络的关键平台。在国际会议上，用流利的英语进行口头报告、参与讨论和辩论，是每位学者必须具备的能力。这不仅需要良好的语言基础，还需要对学科领域的专业术语有深入的理解和运用。学术英语的学习，有助于学生提升在国际会议上的交流能力，增强自信心，从而更好地展示自己的研究成果，与来自世界各地的学者建立联系和合作。

（四）促进学术思维与创新能力的发展

学术英语的学习过程，实质上是一个促进学术思维与创新能力发展的过程。在掌握和运用学术英语的过程中，学生需要不断思考如何用英语准确地表达复杂的学术思想，如何用英语进行有效的论证和反驳。这种跨语言的思维转换，有助于培养学生的批判性思维、逻辑推理能力和创新能力。

同时，通过阅读和翻译英文文献，学生可以接触到不同的学术观点和研究方法，从而拓宽学术视野，激发创新思维。

学术英语在高等教育中占据着举足轻重的地位。它不仅是学生进行学术研究、论文写作和国际会议交流的基础，更是促进学生学术思维与创新能力发展的重要工具。因此，在高校英语教学中，应高度重视学术英语的教学与培养，通过丰富的教学资源、多样的教学方法和科学的评价体系，全面提升学生的学术英语能力，为他们的学术成长和未来发展奠定坚实的基础。

二、ESP课程设计

（一）ESP课程设计的基础理念

专门用途英语（ESP， English for Specific Purposes）作为高校英语教学的一个重要分支，其课程设计需紧密围绕学科特点和行业需求展开，旨在提升学生的专业领域英语应用能力。ESP 课程设计的基础理念在于“学以致用”，即教学内容和方法应直接服务于学生的专业学习和未来职业发展，确保英语学习的针对性和实效性。

（二）明确学科特色，定制教学内容

ESP 课程设计的首要任务是深入分析各学科的独特性和专业要求，以此为基础定制教学内容。这要求教师对所服务的学科有深入的理解，能够准确把握该领域的关键术语、理论框架、研究方法及实践应用。教学内容应涵盖学科基础知识、前沿动态、国际交流等方面，确保学生不仅能够掌握专业英语的词汇和语法，还能够理解并表达专业领域内的复杂思想。

（三）对接行业需求，优化教学方法

除了教学内容外，ESP 课程设计还需紧密对接行业需求，优化教学方法。这包括采用任务型教学、项目式学习、模拟实战等教学模式，让学生在解决实际问题的过程中提升英语的应用能力。同时，利用现代信息技术手段，如在线课程、虚拟仿真实验等，为学生提供更加丰富、便捷的学习资源。此外，还可以邀请行业专家参与教学，通过讲座、研讨会等形式，让学生直接接触行业前沿信息，增强学习的针对性和实用性。

（四）强化语言技能，提升综合素质

ESP 课程设计不仅要注重语言技能的培养，还要关注学生综合素质的提升。这包括提升学生的跨文化交际能力、批判性思维能力和自主学习能力等。在教学中，教师应引导学生关注文化差异对专业领域的影响，培养跨文化交流的敏感性和适应性。同时，通过案例分析、小组讨论等方式，激发学生的批判性思维能力，让他们学会独立思考和解决问题。此外，还应鼓励学生进行自主性学习和探究性学习，培养他们的终身学习习惯和能力。

（五）注重反馈与评估，持续改进课程设计

ESP 课程设计是一个动态的过程，需要不断收集学生反馈意见和行业需求变化信息，进行持续改进。教师应建立有效的评估机制，对学生的学习成果进行全面、客观的评估，了解教学目标的达成情况。同时，还应关注行业发展趋势和新技术应用情况，及时调整教学内容和方法，确保课程设计的时效性和前瞻性。此外，教师之间也应加强交流与合作，分享教学经验和资源，共同推动 ESP 课程设计的优化与创新。

三、学术写作技能

（一）文献综述：构建学术对话的基石

文献综述是学术写作的重要组成部分，它要求作者系统地回顾、总结并评价某一研究领域内的既有研究成果。在高校英语教学中，强化文献综述技能的培养，关键在于引导学生掌握有效的文献检索方法，学会筛选、分析和整合相关信息。这包括理解不同文献类型的差异，如期刊论文、学位论文、会议论文等，以及掌握引用规范，确保学术诚信。同时，教授学生如何批判性地评估文献质量，识别研究空白和创新点，为自己的研究定位奠定基础。通过反复练习和反馈，学生能够逐渐提升文献综述的深度和广度，构建出有说服力的学术对话。

（二）研究方法：科学探索的钥匙

研究方法是学术研究的灵魂，它决定了研究的可行性和有效性。在高校英语教学中，强化研究方法技能的培养，意味着要引导学生了解并掌握多种研究方法的基本原理、操作步骤和适用范围。这包括但不限于实验法、调查法、案例研究法、文献研究法等。学生需要学会根据研究问题选择合适的研究方法，设计合理的研究方案，并能够在论文中清晰地阐述研究方法的理论依据、实施过程和预期结果。此外，教师还应注重培养学生的实证思维，鼓励他们在实践中不断探索和创新，提升研究方法的科学性和创新性。

（三）数据分析：解读数据背后的故事

数据分析是学术研究中不可或缺的一环，它涉及对收集到的数据进行整理、处理和解释，以揭示数据背后的规律和趋势。在高校英语教学中，强化数据分析技能的培养，要求学生掌握基本的数据统计知识和数据分析软件的操作技能。学生需要学会根据研究目的选择合适的数据分析方法，如描述性统计、推断性统计、相关性分析等，并能够运用图表、图形等直观方式展示数据分析结果。同时，教师还应引导学生学会解读数据分析结果，将其与研究问题、研究假设等相结合，形成有力的论证支持。通过数据分析技能的训练，学生能够更加准确地把握研究对象的特征和规律，提升研究的可靠性和有效性。

（四）论文结构：构建清晰的逻辑框架

论文结构是学术写作的外在表现形式，它决定了论文的整体布局和逻辑脉络。在高校英语教学中，强化论文结构技能的培养，意味着要引导学生掌握论文写作的基本规范和结构要素。这包括标题、摘要、引言、文献综述、研究方法、数据分析、讨论、结论等部分。学生需要学会根据研究内容和目的合理安排论文结构，确保各部分之间逻辑清晰、衔接紧密。同时，教师还应注重培养学生的逻辑思维能力，引导他们学会运用因果分析、对比分析、归纳演绎等方法构建论文的论证体系。通过反复练习和修改，学生能够逐渐掌握论文写作的精髓，构建出既符合学术规范又具有个人特色的论文结构。

四、学术口语表达

（一）构建学术口语表达的基础框架

在提升学生在学术会议、研讨会等场合的口语表达能力时，首要任务是构建坚实的学术口语表达基础框架。这包括熟悉学术演讲的基本结构，如引言、主体、结论等部分，并理解各部分在演讲中的功能和衔接方式。同时，学生需要掌握学术语言的特点，如准确、精练、逻辑性强等，以确保口语表达的专业性和规范性。

（二）演讲技巧的精进

演讲技巧是学术口语表达的核心组成部分。学生应学会如何有效地吸引听众的注意力，通过引人入胜的开场白、生动的例子、清晰的逻辑链条等手段，使演讲内容既丰富又易于理解。此外，语速、语调、停顿等语言节奏的把握也是演讲技巧的重要组成部分，它们能够直接影响听众的感受和理解程度。在练习过程中，学生可以通过模仿优秀演讲者的风格，结合个人特点，逐步形成自己独特的演讲风格。

（三）讨论参与的策略

学术会议和研讨会中的讨论环节是展示学生学术素养和口语表达能力的重要平台。为了有效参与讨论，学生需要掌握一些基本策略。首先，学生应提前准备，对讨论主题进行深入的思考，形成自己的观点和论据。其次，在发言时，学生应清晰地表达自己的观点，同时尊重他人的意见，学会倾听和反驳。最后，学生还应学会适时提问，以引导讨论深入发展。在讨论过程中，保持冷静、客观、礼貌的态度是至关重要的，这有助于建立良好的学术氛围和人际关系。

（四）非言语交际的运用

学术口语表达不仅限于言语本身，还包括非言语交际的运用。学生应学会通过肢体语言、面部表情、眼神交流等非言语方式，增强口语表达的效果。例如，适当的肢体语言可以帮助学生更好地传达情感和态度；自信的眼神交流可以建立与听众之间的信任感；面部表情的丰富变化则可以使演讲更加生动有趣。在非言语交际的运用上，学生应注重自然、得体、适度的原则，避免过分夸张或过于拘谨。

（五）实践与反思的循环

提升学术口语表达能力是一个长期的过程，需要不断地实践和反思。学生应积极参与各种学术活动，如模拟会议、学术讲座、研讨会等，通过实际操作来检验和提升自己的口语表达能力。同时，学生还应养成反思的习惯，每次演讲或讨论后都应及时总结经验教训，分析自己在表达过程中的优点和不足，并制订相应的改进计划。通过实践与反思的循环往复，学生的学术口语表达能力将得到不断的提升和完善。

五、学术资源利用

（一）图书馆：知识的宝库与研究的起点

在学术资源利用的体系中，图书馆作为传统的知识中心，依然扮演着不可替代的角色。教师应引导学生熟悉图书馆的资源布局，包括纸质图书、期刊、特藏文献以及电子资源等。通过组织参观讲解、资源导航课程等，让学生了解图书馆的分类体系、检索工具以及借阅流程，为高效利用图书馆资源打下基础。此外，还应强调图书馆提供的特色服务，如参考咨询、文献传递、学术讲座等，这些都是学生在学术研究和写作过程中宝贵的支持力量。

（二）数据库：精准检索与深度挖掘的利器

随着信息技术的飞速发展，数据库已成为学术资源利用的重要平台。在高校英语教学中，教授学生如何有效利用数据库进行学术资源的检索和获取，是提升研究效率和写作水平的关键。教师应介绍国内外主流学术数据库的特点、覆盖范围和使用方法，如 CNKI、万方、Springer、JSTOR 等，并引导学生掌握高级检索技巧，如布尔逻辑运算符的应用、字段限定、结果排序与筛选等。同时，鼓励学生尝试跨学科检索，拓宽研究视野，发掘新的研究视角和思路。

（三）在线平台：开放获取与资源共享的新趋势

在线平台以其便捷性、开放性和互动性，逐渐成为学术资源利用的新宠。教师应关注并介绍国内外优秀的在线学术资源平台，如 ResearchGate、Academia.edu、百度学术等，这些平台不仅提供了丰富的学术论文、研究报告、会议论文等资源，还促进了学者之间的交流与合作。此外，还应引导学生关注开放获取（OA，Open Access）资源，这些资源免费向公众开放，极大地降低了学术研究的门槛。同时，教授学生如何利用社交媒体、学术论坛等在线社区获取学术信息和灵感，也是提升学术素养的有效途径。

（四）批判性思维：筛选与评价资源的金钥匙

在海量学术资源面前，如何筛选出有价值、可靠的信息，是每位学生必须掌握的技能。这要求教师在教授学术资源利用的同时，注重培养学生的批判性思维能力。引导学生学会评估资源的质量、权威性、时效性以及与研究问题的相关性，避免盲目接受或拒绝信息。同时，鼓励学生积极参与学术讨论和辩论，通过交流切磋提升对学术问题的理解和把握能力。

（五）信息素养：终身学习的必备能力

信息素养是21世纪公民的基本素养之一，对于学术研究和写作尤为重要。在高校英语教学中，教师应将信息素养的培养贯穿于学术资源利用的始终。通过开设信息素养课程、举办专题讲座、组织实践活动等方式，学生可以提升信息意识、信息技能和信息道德水平，也能够在信息社会中有效获取、评估、利用和交流信息，为终身学习和职业发展打下坚实的基础。

第三节　跨文化交际能力的培养

一、跨文化交际能力定义和多维度解析

在全球化日益加深的今天，跨文化交际能力已成为高校英语教学不可或缺的一部分。这一能力不仅关乎语言技能的掌握，更涉及对文化差异的深刻理解、有效的交际策略运用以及在不同文化环境中灵活应变的能力。以下是对跨文化交际能力内涵的详细阐述：

（一）语言能力：沟通的基石

语言能力是跨文化交际的基础，它涵盖了语音、词汇、语法等语言要素的准确运用，以及听说读写等语言技能的熟练掌握。在跨文化交流中，清晰、准确的语言表达是传递信息、表达思想的关键。同时，了解并适应不同文化背景下的语言习惯、表达方式和语言风格，也是提高交际效果的重要因素。因此，在高校英语教学中，应注重培养学生的语言综合能力，使其能够在不同文化环境中自如地运用语言进行沟通。

（二）文化意识：理解的桥梁

文化意识是跨文化交际能力的重要组成部分。它要求个体具备对自我及他者文化的深刻理解和尊重，能够识别并理解文化差异，包括价值观念、思维方式、行为规范等方面的不同。这种意识不仅有助于避免文化冲突和误解，还能促进文化间的相互理解和欣赏。在高校英语教学中，教师应引导学生通过阅读、讨论、观看影视作品等多种方式，深入了解不同文化的内涵和特点，培养学生的文化敏感性和包容性。

（三）交际策略：适应的钥匙

交际策略是跨文化交际者在面对语言障碍或文化差异时，为达到有效沟通而采取的一系列方法和技巧。这些策略包括使用非言语交际手段（如肢体语言、面部表情）、寻求帮助或澄清、调整语言难度和语速等。掌握并运用这些策略，可以帮助交际者更好地适应不同的文化环境，克服沟通障碍，实现有效交流。在高校英语教学中，教师应注重培养学生的交际策略意识，通过模拟跨文化交际场景、角色扮演等教学活动，让学生在实践中学习和掌握这些策略。

（四）灵活应变能力：成功的保障

在跨文化交际中，灵活应变能力是成功的关键。面对复杂多变的文化环境和交际对象，交际者需要能够快速适应、灵活应对，不断调整自己的交际策略和行为方式。这种能力要求交际者具备高度的自我意识和情绪管理能力,能够在压力下保持冷静和理智,同时展现出良好的适应性和创造力。在高校英语教学中，教师可以通过设计具有挑战性的交际任务、提供即时反馈和指导等方式，帮助学生锻炼和提高灵活应变能力。

跨文化交际能力是一个多维度、综合性的能力体系,它涵盖了语言能力、文化意识、交际策略和灵活应变能力等多个方面。在英语教学中，应注重全面培养学生的跨文化交际能力，使其能够在全球化背景下自信地参与国际交流与合作。

二、非言语交际教学

（一）肢体语言：无声胜有声的沟通艺术

在跨文化交际的广阔舞台上，肢体语言作为非言语交际的重要组成部分，扮演着传递情感、态度及意图的关键角色。在高校英语教学中，强化肢体语言的教学，旨在帮助学生理解并适应不同文化背景下的肢体语言差异。这包括但不限于手势、姿态、身体距离等元素的解读与运用。例如，某些手势在某些文化中可能表示友好或赞赏，而在其他文化中则可能被视为冒犯或不敬。因此，教授学生识别并尊重这些文化差异，对于建立有效的跨文化沟通至关重要。

（二）面部表情：心灵之窗的跨文化解读

面部表情是人类情感表达最直接、最丰富的非言语方式之一。在跨文化交流中，不同文化对于面部表情的解读可能存在显著差异。某些文化可能倾向于通过面部表情直接展示情感，而另一些文化则可能更加内敛，注重情感的含蓄表达。因此，在高校英语教学中，引导学生学会观察、理解和适应不同文化中的面部表情习惯，对于增进相互理解和尊重具有重要意义。同时，也应强调保持真诚自然的面部表情，以建立积极、健康的跨文化交流氛围。

（三）时间观念：跨文化交流中的隐形维度

时间观念作为非言语交际的一个独特方面，深刻影响着人们的交际行为和模式。不同文化对于时间的重视程度、时间管理的方式以及时间观念的具体表现都存在显著差异。例如，一些文化可能强调准时和效率，将时间视为一种宝贵的资源；而另一些文化则可能更加注重灵活性和随遇而安，对时间的把握相对宽松。在高校英语教学中，通过介绍不同文化中的时间观念差异，帮助学生认识到这些差异对跨文化交际的影响，并学会在跨文化交流中灵活调整自己的时间观念和行为方式，以促进更加顺畅和有效的沟通。

（四）空间与距离：跨文化交流中的物理边界

空间与距离也是非言语交际中不可忽视的要素之一。不同文化对于个人空间的需求和界定存在显著差异。在某些文化中，人们可能更倾向于保持一定的身体距离以维护个人隐私和舒适度；而在其他文化中，亲密的接触和近距离的交流则被视为友好和亲近的表现。因此，在高校英语教学中，教授学生了解并尊重不同文化中的空间与距离等习惯，有助于避免学生在跨文化交流中因误解或不当行为而引发的冲突和尴尬。同时，也应鼓励学生学会根据具体情况灵活调整自己的空间与距离行为，以展现良好的跨文化交际能力。

非言语交际在跨文化交际中发挥着不可替代的作用。通过加强非言语交际的教学，高校英语教育能够帮助学生更好地理解和适应不同文化背景下的交际习惯和行为模式，从而提升他们的跨文化交际能力和全球视野。

三、交际策略训练

（一）适应性交际策略的全面培养

在跨文化交际的广阔舞台上，适应性交际策略是学生必须掌握的关键能力。在高校英语教学中，我们应致力于构建一个全面的培养体系，以提升学生的跨文化适应能力。这包括增强学生对文化差异的敏感性，使他们能够敏锐地察觉并尊重不同文化的独特性；同时，鼓励学生灵活调整交际方式，以适应多变的文化环境。通过模拟跨文化交际场景的教学活动，如角色扮演、小组讨论等，学生能够亲身体验到不同文化的交际规则和习惯，从而在实践中不断磨炼和提升自己的适应性交际策略。

（二）冲突处理与协商策略的深度训练

面对跨文化交际中的冲突，学生需要具备有效处理和协商的策略。教学中，我们首先要帮助学生树立正确的冲突观念，认识到冲突是文化交流中的正常现象，无须过分担忧或回避。接下来，我们将教授学生一系列冲突处理与协商的技巧，如保持冷静客观的态度、运用清晰准确的表达、倾听对方的意见和诉求等。此外，通过模拟协商活动，学生将有机会在模拟的真实环境中锻炼自己的协商和妥协能力，学会在尊重彼此立场和利益的基础上，寻求双方都能接受的解决方案。

（三）非言语交际策略的有效运用

非言语交际在跨文化交际中占据着举足轻重的地位。为了帮助学生更好地运用非言语交际策略，我们将从以下几个方面入手：

首先，教授学生如何识别和理解不同文化中的非言语行为，如肢体语言、面部表情、眼神交流等，以及这些行为所传递的信息和含义。其次，引导学生了解并适应不同文化中的非言语交际规则和习惯，避免在交际中因误解而产生冲突。最后，强调非言语交际与语言交际之间的协调与配合，教授学生如何在交际中恰当地运用非言语手段来强化语言信息、表达情感或调节气氛。通过这些训练，学生将能够在跨文化交际中更加自如地运用非言语交际策略，提升整体的交际效果。

四、文化适应性培养

（一）认知差异：开启文化适应的钥匙

在全球化日益加深的今天，大学生作为未来的国际交流主体，需具备深刻的文化认知能力。文化适应性培养的首要任务，便是引导学生认识并理解不同文化间的根本差异。这包括价值观、信仰体系、社会规范、习俗传统等多方面的差异。通过课堂教学、文化讲座、在线资源等多种形式，学生可以系统地学习不同文化的历史背景、社会结构和文化特色，从而建立起对不同文化的全面认知。在此基础上，学生能够更加敏锐地察觉并尊重文化差异，为后续的跨文化交流奠定坚实的基础。

（二）开放心态：拥抱多元文化的态度

文化适应性不仅仅是对外在行为的调整，更是一种内在心态的转变。培养学生的开放心态，是文化适应性培养的核心内容之一。这意味着鼓励学生以包容、接纳的心态面对不同文化，勇于尝试新事物，愿意倾听不同的声音。在高校英语教学中，教师可以通过设置小组讨论、角色扮演等活动，让学生在模拟的跨文化情境中体验不同文化的碰撞与融合，从而培养他们的开放心态和跨文化敏感性。同时，教师还应强调文化多样性的价值，让学生认识到每种文化都有其独特的魅力和贡献，值得被尊重和学习。

（三）自我调整：灵活应对的文化策略

文化适应性还要求学生能够在不同文化背景下灵活调整自己的行为和态度。这包括语言使用的适应性、社交礼仪的适应性、工作方式的适应性等多个方面。在高校英语教学中，教师可以通过模拟跨文化场景、分析文化差异案例等方式，帮助学生掌握有效的文化适应策略。例如，教授学生如何根据对方的文化背景和交际习惯调整自己的语言表达方式；引导学生了解并遵循不同文化中的社交礼仪规范；指导学生如何在多元文化团队中有效沟通与合作等。通过这些实践性的教学活动，学生能够逐渐掌握在不同文化环境中自如应对的能力。

（四）批判性思维：深化文化理解的工具

批判性思维是文化适应性培养中不可或缺的一环。它鼓励学生以理性、客观的态度审视和分析不同文化现象，形成独立的文化见解和判断力。在高校英语教学中，教师可以通过引入文化批判理论、组织文化辩论等活动，激发学生的批判性思维潜能。同时，教师还应引导学生关注文化背后的权力关系、意识形态等因素，帮助他们更深入地理解文化现象的本质和成因。通过批判性思维的培养，学生能够更加全面地认识不同文化，形成更加深刻和成熟的文化观念。

（五）持续学习：构建终身的文化适应性

文化适应性是一个持续不断的过程。随着全球化的深入发展，新的文化现象和跨文化挑战层出不穷。因此，帮助学生树立终身学习的观念，对于他们的文化适应性培养至关重要。在高校英语教学中，教师可以通过鼓励学生参与国际交流项目、关注国际时事动态、阅读多元文化书籍等方式，激发他们的学习兴趣和动力。同时，教师还应关注学生的学习进展和反馈，及时给予指导和支持，帮助他们在跨文化学习的道路上不断前行。通过持续的学习和实践，学生能够不断提升自己的文化适应性能力，为未来在面对国际交流和合作奠定坚实的基础。

五、全球视野教育

（一）全球视野教育的核心价值

在全球化浪潮汹涌的今天，全球视野教育已成为高校英语教学中不可或缺的一环。它不仅关乎学生对世界多元文化的认知与理解，更在于培养他们面对全球性问题时的思考能力与责任感。通过全球视野教育，学生得以拓宽视野，超越地域和文化的界限，以更加开放和包容的心态审视世界，从而在全球化时代中占据竞争优势。

（二）融入全球议题的教学内容

为了有效实施全球视野教育，高校英语教学内容需紧密围绕全球议题展开，这包括但不限于环境保护、气候变化、经济发展不平衡、国际政治格局、跨文化交流等。通过引入这些议题，学生可以在学习语言技能的同时，深入了解全球面临的挑战与机遇，激发他们对全球问题的关注与思考。教师应采用多样化的教学手段，如专题讲座、小组讨论、研究报告等，引导学生深入探讨这些议题，培养他们的批判性思维和解决问题的能力。

（三）跨文化沟通能力的培养

在全球视野教育中，跨文化沟通能力是学生的核心素养之一。这不仅要求学生掌握扎实的语言技能，还需要他们具备对不同文化的理解和尊重，以及在不同文化背景下进行有效沟通的能力。因此，在高校英语教学中，应注重培养学生的跨文化意识，通过模拟跨文化交际场景、分析文化差异与冲突案例等方式，让学生亲身体验并理解不同文化的特点和交际规则。

同时，鼓励学生参与国际交流项目，如海外留学、国际志愿服务等，以实践的方式提升他们的跨文化沟通能力。

（四）全球公民意识的培养

全球视野教育的最终目标是培养具有全球公民意识的学生，这意味着学生不仅要关注自己的国家和民族利益，还要关心全人类的福祉和命运。他们应具备强烈的责任感和使命感，为解决全球性问题贡献自己的力量。在高校英语教学中，教师可以通过引入全球公民教育的相关理念和方法，如全球伦理、人类命运共同体等，引导学生树立正确的世界观和价值观。同时，鼓励学生参与全球性的公益活动和社会实践，如环保行动、国际援助等，以培养他们的全球公民意识和责任感。

（五）数字化时代的全球学习平台

随着数字化时代的到来，全球学习平台为全球视野教育提供了更为广阔的空间和可能性。这些平台汇聚了全球优质的教育资源和信息，为学生提供了跨越国界的学习机会。在高校英语教学中，教师应充分利用这些平台，引导学生自主学习和探究全球议题。同时，鼓励学生利用社交媒体、在线论坛等渠道与全球各地的同龄人进行交流和合作，共同解决全球性问题。通过数字化时代的全球学习平台，学生可以更加便捷地获取全球知识、拓宽国际视野、提升全球竞争力。

第四节　教材内容与教学方法的融合

一、教材选择与评估

（一）明确教学目标与学生需求

高校在选择英语教材之前，首要任务是清晰界定教学目标与深入了解学生需求。教学目标应涵盖语言技能的提升（听、说、读、写、译）、文化意识的增强以及跨文化交际能力的培养等多个维度。同时，需通过问卷调查、学习风格测试、学习需求分析等手段，准确把握学生的英语水平、学习兴趣及学习风格，确保所选教材能够与学生现状相匹配，从而激发其学习动力。

（二）评估教材内容的适宜性

教材内容的适宜性是选择过程中的关键环节。这要求教材需具备时代性、实用性和趣味性，能够反映当代英语语言的发展趋势，贴近学生生活实际和未来职业需求。同时，教材内容应结构清晰、逻辑严密，既包含基础语言知识，又融入丰富的文化元素和跨文化交际情境，有助于学生全面提升英语综合应用能力。此外，还应关注教材的语言难度，确保其在学生可接受范围内，既不过于简单而缺乏挑战性，也不过于复杂而挫伤学生的学习积极性。

（三）考虑教材的多样性与灵活性

为了满足不同学生的学习需求，教材的选择应体现多样性与灵活性。一方面，可以选用多种类型的教材，如纸质教材、电子教材、在线学习平台等，以丰富学习资源，提高学习效率。另一方面，教材设计应预留足够的空间供教师和学生自主发挥，如提供可替换的阅读材料、开放性的讨论话题、可拓展的语言练习等，以激发学生的创造力和批判性思维。

（四）实施定期评估与调整机制

教材选择并非一劳永逸，而是需要根据教学效果和学生反馈进行定期评估和调整。评估应围绕教学目标达成度、学生满意度、教材适用性等多个维度展开，通过问卷调查、课堂观察、学习成果分析等方式收集数据。基于评估结果，教师应及时发现问题，如教材内容与学生实际需求的脱节，教学方法与教材特点的不匹配等，并据此对教材进行适当的调整或替换。同时，还应鼓励学生参与评估过程，听取他们的意见和建议，共同推动高校英语教学的持续改进。

（五）促进教材与教学方法的有机结合

教材是教学的重要载体，而教学方法则是实现教学目标的关键手段。在选择教材时，应充分考虑其与教学方法的契合度。例如，对于注重口语交流的教学目标，可以选择包含丰富对话和口语练习的教材，并结合角色扮演、小组讨论等教学方法进行实施。对于强调阅读理解和批判性思维的教学目标，则可以选用涵盖多元文化视角和深度思考的阅读材料，结合提问、讨论、写作等教学活动来促进学生深入思考。通过教材与教学方法的有机结合，可以最大限度地发挥教材的作用，提升教学效果。

二、教学内容整合

（一）教材内容与教学方法的深度融合

在高校英语教学中，实现教材内容与教学方法的深度融合是提高教学效果的关键所在。这一整合过程旨在构建一个既严谨又灵活的教学体系，使学生在掌握语言知识的同时，也能培养其实际运用能力和跨文化交际能力。

（二）教材内容的精选与重构

教材内容的精选是整合的基石。教师应根据教学目标和学生需求，仔细甄别教材中的知识点、语言点和文化点，确保所选内容既具有代表性又贴近学生生活实际。在此基础上，对教材内容进行必要的重构，以形成逻辑清晰、层次分明的知识体系。这包括但不限于对单元主题的整合、语言点的串联以及文化背景的拓展，旨在帮助学生建立系统的知识框架，为后续学习奠定坚实基础。

（三）教学方法的多元化探索

教学方法的多元化是实现教材内容与教学方法深度融合的重要途径。教师应摒弃单一的教学模式，积极探索并运用多种教学方法，如任务型教学、合作学习、项目式学习等。这些教学方法各有特色，能够激发学生的学习兴趣，提高他们的参与度和主动性。例如，任务型教学通过设定具体的语言任务，引导学生在完成任务的过程中学习和运用语言；合作学习则鼓励学生之间的相互协作，共同解决问题，培养他们的团队合作精神和沟通能力。

（四）技术与教学的创新融合

在数字化时代，技术已成为推动教育变革的重要力量。教师应充分利用现代信息技术手段，如多媒体教学、网络教学平台等，将技术与教学深度融合，为学生提供更加丰富、便捷的学习资源和学习环境。通过技术手段，教师可以更加直观地展示教材内容，增强教学的趣味性和互动性；同时，也可以实现教学资源的共享和个性化学习路径的定制，满足不同学生的学习需求。

（五）评价体系的全面构建

教学内容与教学方法的整合还需要一个全面、科学的评价体系来支撑。这个评价体系应贯穿于整个教学过程，包括对学生学习效果的评估、对教师教学效果的反馈以及对教学内容和教学方法的持续优化。通过构建多元化的评价体系，教师可以及时了解学生的学习情况和教学效果，发现教学中存在的问题和不足，从而有针对性地调整教学策略和方法。同时，学生也可以通过评价体系了解自己的学习进度和不足之处，激发他们的学习动力和自信心。

将教材内容与教学方法相结合，形成有机整体，是提高高校英语教学效果的有效途径。这一整合过程需要教师具备深厚的专业素养和开放的教学理念，不断探索和实践新的教学方法和手段，以适应时代发展和学生需求的变化。

三、主题式教学

（一）主题设定的策略与原则

在高校英语教学中实施主题式教学，首要任务是精心设定教学主题。主题的选择应紧扣时代脉搏，关注社会热点、文化现象或学生兴趣点，确保教学内容的时效性和吸引力。同时，主题应具有一定的广度和深度，能够整合语言学习、文化背景、思维训练等多个维度，促进学生全面发展。此外，主题的设定还需遵循由易到难、循序渐进的原则，确保学生能够在逐步深入的学习过程中不断提升语言能力和综合素养。

（二）知识与技能的融合框架

围绕设定的主题，教师应构建一个融合语言知识与技能的教学框架。这一框架应包括词汇拓展、语法运用、阅读理解、口语表达、写作训练等多个方面，确保学生在掌握基础语言知识的同时，能够灵活运用这些知识进行综合表达和交流。例如，在“环境保护”这一主题下，可以引导学生学习相关词汇和短语，通过阅读环保文章提升阅读理解能力，通过小组讨论和演讲锻炼口语表达能力，最后通过撰写环保倡议书或报告来巩固写作技能。

（三）跨文化意识的培养

主题式教学不仅是语言知识和技能的教学，更是跨文化意识的培养过程。教师应深入挖掘主题背后的文化内涵，引导学生了解不同文化对于同一主题的不同解读和应对策略。通过对比分析、文化讲座、观看视频等多种形式，学生可以拓宽国际视野，增强对多元文化的理解和尊重。这种跨文化意识的培养对于提升学生的跨文化交际能力具有重要意义。

（四）实践活动的组织与实施

为了增强学习的连贯性和系统性，主题式教学应融入多样化的实践活动。这些活动可以包括主题演讲、角色扮演、模拟辩论、实地考察等，旨在让学生在实践中运用所学知识，加深对主题的理解和感悟。例如，在“科技创新”这一主题下，可以组织学生参观科技博物馆或创新企业，了解最新科技动态和创新成果；同时，通过模拟科技产品发布会或创新项目提案等活动，让学生亲身体验科技创新的乐趣和挑战。

（五）评价与反馈机制的建立

有效的评价与反馈机制是主题式教学不可或缺的组成部分。教师应建立多元化的评价体系，通过自我评价、同伴评价和教师评价等多种方式，全面评估学生在主题学习过程中的表现。评价内容应涵盖语言技能、知识掌握、思维能力、跨文化意识等多个方面，确保评价的全面性和客观性。同时，教师应及时给予学生反馈，指出其优点和不足，并针对不足的地方提出具体的改进建议。这种及时、具体的反馈有助于学生明确学习方向，调整学习策略，不断提升学习效果。

四、任务型学习

（一）任务型学习的核心理念

任务型学习作为一种以任务为核心的教学模式，其核心理念在于通过设计贴近学生生活实际、具有明确目标和意义的语言任务，引导学生在完成任务的过程中自然而然地学习和运用语言。这种教学模式强调学生的主体性和实践性，鼓励学生通过亲身参与和体验来掌握语言知识和技能，同时培养他们的思维能力和解决问题的能力。

（二）任务设计的原则与策略

在高校英语教学中，设计任务型学习活动需要遵循一定的原则和策略。首先，任务应紧扣教材内容，确保学生在完成任务的同时能够巩固和拓展所学的语言知识。其次，任务应具有真实性和趣味性，能够激发学生的学习兴趣和积极性。最后，任务还应具备层次性和挑战性，以适应不同水平学生的需求，促进他们的全面发展。在策略上，教师可以采用情景模拟、角色扮演、问题解决等多种方式来设计任务，以丰富学生的学习体验和提高学习效果。

（三）任务实施的关键环节

任务型学习的实施过程包括任务前准备、任务执行和任务后反思三个关键环节。在任务前的准备阶段，教师需要明确任务的目标和要求，为学生提供必要的背景知识和语言支持；引导学生了解任务内容，激发他们的参与意愿。在任务执行阶段，教师应鼓励学生积极参与、合作交流，适时给予指导和帮助；注意观察学生的表现，收集反馈信息。在任务完成后的反思阶段，教师应组织学生进行总结和评价，引导他们反思完成任务的过程和结果，提炼经验教训；根据学生的反馈对任务进行调整和优化，以不断提升教学效果。

（四）任务型学习对学生能力发展的促进作用

任务型学习模式在英语教学中具有显著的优势，能够对学生能力的发展产生积极的促进作用。首先，它有助于提高学生的语言运用能力，使学生在完成任务的过程中不断练习和使用语言，从而加深对语言的理解和掌握。其次，它有助于培养学生的自主学习能力和合作精神，通过小组合作完成任务的方式，学生需要相互协作、共同解决问题，这有助于培养他们的团队意识和沟通能力。最后，任务型学习还能够激发学生的创造力和批判性思维，使他们在完成任务的过程中不断思考和探索新的解决方案。

（五）任务型学习在英语教学中的实践应用

在高校英语教学中，任务型学习模式可以广泛应用于听、说、读、写等各个教学环节。例如，在听力教学中，教师可以设计听力理解任务，让学生在听录音材料的同时完成相关练习；在口语教学中，教师可以设计角色扮演任务，让学生在模拟真实情境中进行对话练习；在阅读教学中，教师可以设计阅读理解和讨论任务，引导学生深入理解文章内容和作者观点；在写作教学中，教师可以设计写作任务，让学生在完成作文的过程中锻炼写作能力和思维能力。通过这些实践应用，任务型学习模式能够为学生提供更加丰富、多样的学习体验和挑战机会，促进他们的全面发展。

五、技术辅助教学

（一）多媒体技术的融合应用

在高校英语教学中，多媒体技术以其直观、生动、信息量大的特点，成为辅助教学的重要工具。教师可以通过幻灯片、音频、视频等多种媒介形式，将抽象的语言知识具象化，使学习过程更加直观易懂。例如，在讲解英语语法时，利用动画演示句子结构的变化，帮助学生更清晰地理解语法规则；在阅读理解课程中，引入英文的原声新闻、电影片段等视频材料，不仅丰富了阅读内容，还能提高学生的听力理解能力和跨文化意识。此外，多媒体技术还能激发学生的视觉和听觉感官，增强学习的趣味性和吸引力，提高学生的学习兴趣和参与度。

（二）网络资源的有效整合

随着互联网的普及，网络资源成为高校英语教学中不可忽视的一部分。教师可以通过搜索引擎、在线数据库、教育平台等渠道，获取丰富的教学资源和信息，为课堂教学提供有力的支持。一方面，教师可以利用网络资源拓展教学内容，引入最新的英语新闻、学术文章、文化视频等，使学生紧跟时代步伐，了解国际动态。另一方面，教师还可以推荐优秀的英语学习网站、应用程序等，供学生自主学习使用，以弥补课堂时间的不足。同时，教师应引导学生正确、合理地使用网络资源，培养其信息素养和自主学习能力。

（三）互动教学平台的构建

互动教学平台是技术辅助教学的重要载体之一。这些平台通常具备在线交流、作业提交、学习进度跟踪等功能，为师生之间的实时互动提供了便利。在英语教学中，教师可以利用互动教学平台发布学习任务、组织在线讨论、进行答疑解惑等，增加师生之间的互动机会，提高教学效率和质量。同时，学生也可以通过平台提交作业、分享学习心得、参与互评等活动，促进彼此之间的交流和合作。这种基于平台的互动教学模式有助于打破传统课堂教学的时空限制，实现教学资源的共享和优化配置。

（四）个性化学习路径的定制

技术辅助教学还为学生提供了个性化学习的可能。通过数据分析技术，教师可以了解学生的学习习惯、能力水平和学习进度等信息，进而为其量身定制个性化的学习路径和策略。例如，利用智能推荐系统为学生推荐适合其水平的阅读材料、听力材料和练习题等；利用学习分析工具跟踪学生的学习轨迹和成效，及时调整教学计划和方法。这种个性化学习路径的定制有助于满足不同学生的学习需求和发展潜力，促进其全面发展和个性成长。

（五）技术辅助教学的持续发展

技术辅助教学是一个不断发展的过程。随着科技的不断进步和教育理念的不断更新，新的技术手段和教学工具不断涌现，为高校英语教学带来了更多的可能性和挑战。因此，教师应保持对新技术、新方法的敏感性和学习热情，不断探索和尝试新的教学手段和方法，以适应时代发展的需要和学生个性化学习的需求。同时，学校和教育部门也应加大对技术辅助教学的投入和支持力度，完善相关设施和资源建设，为技术辅助教学的持续发展提供有力保障。

第五节　教学内容的创新实践

一、创新教学内容设计

（一）紧跟学科前沿，更新教学内容

在高校英语教学中，创新教学内容设计的首要任务是紧跟学科前沿，不断更新教学内容。这意味着教师应持续关注语言学、文学、跨文化交际等领域的最新研究成果和发展动态，将这些新观点、新理论及时融入课堂教学中。通过引入前沿知识，不仅能够拓宽学生的学术视野，还能激发他们的学习兴趣和求知欲，培养他们的探索精神和创新能力。

（二）结合实际需求，增强教学实用性

除了紧跟学科前沿外，创新教学内容设计还应充分考虑学生的实际需求和社会发展的实际需要。教师应深入了解学生的学习目标、职业规划和兴趣爱好，结合行业需求和市场变化，灵活调整教学内容和重点。例如，可以加强商务英语、旅游英语、法律英语等实用型英语的教学，提高学生的职场竞争力和社会适应能力。同时，还可以引入与当前社会热点、文化现象相关的英语材料，如网络流行语、国际新闻等，使教学内容更加贴近学生的生活实际，增强教学的实用性和趣味性。

（三）引入新材料，丰富教学资源

为了创新教学内容设计，教师应积极引入新材料，丰富教学资源。这

包括但不限于最新的英语教材、学术期刊、网络资源、多媒体素材等。通过广泛收集和筛选这些材料，教师可以为学生提供更加全面、多元的学习资源，帮助他们更好地理解和掌握英语知识。同时，新材料的引入还能为课堂教学注入新的活力和元素，使课堂氛围更加活跃和生动。

（四）采用新方法，优化教学流程

创新教学内容设计不仅在于教学内容的更新和丰富，更在于教学方法的创新和优化。教师应积极探索和采用新的教学方法和手段，如任务型教学、翻转课堂、混合式学习等，以提高教学效果和学生的学习体验。这些方法能够激发学生的学习兴趣和主动性，促进他们的自主学习和合作学习。同时，教师还应注重教学流程的优化设计，合理安排课堂时间、活动环节和评估方式，确保教学活动的有序进行和教学目标的有效达成。

（五）注重反思与评估，持续改进教学内容

创新教学内容设计是一个持续不断的过程。教师应注重教学反思和评估工作，及时总结教学经验和不足之处，为后续的教学改进提供依据。通过反思和评估，教师可以了解学生的学习情况和反馈意见，发现教学内容和方法中存在的问题和不足之处，从而有针对性地进行调整和优化。同时，教师还应保持开放的心态和敏锐的洞察力，不断关注学科前沿和社会需求的变化，为教学内容的创新设计提供源源不断的动力和灵感。

二、跨学科融合

（一）跨学科融合的背景与意义

在全球化日益加深的今天，英语作为国际通用语言，其应用领域已远

远超出了传统的语言学习范畴。为了培养具有国际视野、跨文化交际能力和专业英语素养的高素质人才，高校英语教学必须积极探索跨学科融合的教学模式。通过将英语教学与医学、法律、经济、科技等其他学科相结合，不仅可以拓宽学生的知识面，增强其综合运用英语的能力，还能为学生的未来职业发展奠定坚实的基础。

（二）医学英语：语言与医学知识的交汇

医学英语作为英语教学与医学领域的结合体，其重要性日益凸显。在医学英语课程中，学生不仅需要掌握医学领域的基本词汇和表达方式，还需了解医学文献的阅读技巧、医学会议的参与方式以及医患沟通的策略等。这种跨学科的教学模式有助于培养学生的医学英语听说读写能力，使其在未来的医疗工作中能够自如地运用英语进行交流与合作。同时，医学英语的学习还能加深学生对医学知识的理解和记忆，提高其专业素养和综合能力。

（三）法律英语：准确表达与法律思维的塑造

法律英语是法律学科与英语教学相结合的产物。在法律英语课程中，学生需要掌握法律术语的准确用法、法律文书的撰写技巧以及法庭辩论的策略等。这种跨学科的教学模式旨在培养学生的法律英语应用能力，使其能够准确、清晰地表达法律观点和意见。同时，法律英语的学习还能锻炼学生的逻辑思维能力和批判性思维能力，有助于其形成严谨的法律思维方式和专业素养。

（四）跨学科融合的教学策略与实践

为了实现英语教学与其他学科的有效融合，教师需要采取一系列创新的教学策略和实践方法。首先，教师应深入了解所融合学科的基本知识和特点，以便在教学中能够恰当地引入相关内容。其次，教师可以采用项目式学习、案例分析等教学方法，让学生在解决实际问题的过程中学习和运用英语。此外，教师还可以利用多媒体、网络等现代技术手段辅助教学，提高教学效果和学生的学习兴趣。同时，学校和教育部门也应加强对跨学科融合教学的支持和引导，为教师提供必要的培训和资源保障。

（五）跨学科融合的挑战与展望

尽管跨学科融合教学具有诸多优势，但在实施过程中也面临着一些挑战。例如，如何确保教学内容的准确性和专业性、如何平衡英语教学与专业知识的学习、如何评估跨学科融合的教学效果等。针对这些问题，教师需要不断总结经验、改进教学方法，并与同行进行交流和合作。同时，随着科技的不断进步和教育理念的不断更新，跨学科融合教学也将迎来更加广阔的发展前景。未来，我们可以期待更多创新的教学模式和手段的出现，为高校英语教学注入新的活力和动力。

三、自主学习能力培养

（一）构建自主学习环境

在高校英语教学中，培养学生的自主学习能力首先需要构建一个良好的自主学习环境。这包括物理环境和学习氛围两个方面。物理环境上，学校应提供充足的自主学习空间，如图书馆、电子阅览室、自主学习中心等，配备先进的学习设备和丰富的英语学习资源。学习氛围上，教师应营造积极向上的学习氛围，鼓励学生相互学习、交流与合作，形成良性竞争与互助的学习共同体。

（二）提供多样化学习资源

为了满足学生自主学习的需求，教师应提供多样化的学习资源。这些资源可以包括纸质教材、电子书籍、在线课程、学术数据库、英语学习网站、应用程序等。这些资源应覆盖听、说、读、写、译等各个方面，以满足学生不同学习阶段和兴趣爱好的需求。同时，教师还可以根据学生的学习进度和反馈，适时推荐相关的学习资源，帮助他们拓宽学习视野，深化学习理解。

（三）教授自主学习策略

培养学生的自主学习能力还需要教授他们有效的学习策略。这些策略可以包括时间管理、目标设定、自我评估、反思总结等。教师应指导学生如何合理安排学习时间，制订切实可行的学习计划；如何设定明确的学习目标，并为之努力奋斗；如何进行自我评估，了解自己的学习成果和不足之处；如何反思学习过程，总结经验教训，为未来的学习提供借鉴。通过教授这些学习策略，学生可以更加自主、高效地进行英语学习。

（四）鼓励自主探究与发现

自主学习不仅是主动地接受知识，更是主动地探究和发现新知识的过程。因此，在高校英语教学中，教师应鼓励学生自主探究和发现。这可以通过设置开放性问题、引导学生参与科研项目、组织英语角或读书会等方式来实现。通过这些活动，学生可以自主选择研究方向、收集资料、分析数据、撰写报告或论文等，从而培养他们的研究能力和创新精神。同时，这些活动还能帮助学生更好地理解和应用所学知识，提高他们的综合素质和竞争力。

（五）建立自主学习评价机制

为了促进学生的自主学习，教师需要建立一套科学合理的自主学习评价机制。这种机制应该能够全面、客观地评价学生的自主学习能力和学习成果，包括自我评价、同伴评价和教师评价等多个方面。通过自我评价，学生可以了解自己的学习进度和不足之处；通过同伴评价，学生可以相互学习、交流和借鉴；通过教师评价，学生可以得到专业的指导和建议。同时，教师还应将评价结果及时反馈给学生，帮助他们明确学习方向和目标，激发他们的学习动力和自信心。

四、批判性思维训练

（一）批判性思维的重要性

在知识爆炸的时代，信息的获取变得前所未有的便捷，但如何筛选、分析和评价这些信息，进而形成独立见解，成为现代人才不可或缺的能力。批判性思维作为一种高阶认知技能，强调对信息的理性审视、逻辑推理和创造性思考，对于提升学生的综合素质和创新能力具有重要意义。在高校英语教学中融入批判性思维训练，不仅能够增强学生的语言运用能力，还能培养其独立思考、质疑精神和创新能力，为其终身学习和发展奠定坚实的基础。

（二）批判性思维训练的融入路径

课程内容的选择与设计，需注重选取具有争议性、启发性或时代性的阅读材料，如社会热点文章、学术论文、文学作品等，作为批判性思维训练的载体。在教学活动中，教师应引导学生关注文本中的论点、论据、逻辑关系和隐含意义，鼓励其从不同角度审视问题，提出疑问和假设。此外，通过组织小组讨论或班级辩论，为学生提供表达观点和反驳他人的机会，促进其思想碰撞和观点交流。同时，在写作训练中，也应强调批判性思考的重要性，鼓励学生从批判性角度审视话题，进行深入的调查研究，并形成自己的观点和论证。

（三）批判性思维训练的具体策略

为了有效实施批判性思维训练，教师可以采用多种策略。首先，教授学生如何提出有效问题，如“这个观点的依据是什么？”“这个论证是否存在逻辑漏洞？”这样可以激发其批判性思考。通过不断提问和反思，学生可以更深入地理解文本内容，发现其中的问题和矛盾。其次，指导学生如何筛选和评价信息源，识别信息的真实性和可靠性。教授学生运用批判性思维工具，如证据评估、逻辑推理等，对信息进行深入分析和评价，避免被误导或欺骗。最后，鼓励学生跳出传统思维框架，尝试从不同角度和层面思考问题。举办创意写作、绘制思维导图、进行角色扮演等活动，激发学生的创造力和想象力，培养其独立思考和解决问题的能力。

（四）批判性思维训练的挑战与应对

在高校英语教学中融入批判性思维训练面临诸多挑战。一方面，学生可能习惯于被动接受知识，难以转变为主动思考和质疑。另一方面，教师自身也需要不断提升批判性思维能力和教学技巧。为了应对这些挑战，教师应不断加强自身学习和专业发展，提升对批判性思维的理解和应用能力。同时，积极采用多种教学策略和方法，激发学生的学习兴趣和主动性。此外，建立有效的评价机制也是关键一环，教师通过对学生批判性思维能力的客观、全面评估，可以指导其持续发展和进步。

五、实践应用能力提升

（一）强化实践教学理念

在高校英语教学中，提升学生的语言实践应用能力是教学的重要目标之一。为此，必须强化实践教学理念，将实践教学贯穿于整个教学过程中。这要求教师不仅注重语言知识的传授，更要关注学生的语言运用能力和跨文化交际能力的培养。通过设计多样化的实践教学活动，学生在模拟真实或接近真实的语言环境中进行语言实践，提高了语言应用能力和综合素质。

（二）构建实践教学体系

为了有效提升学生的语言实践应用能力，需要构建完善的实践教学体系。这包括设置合理的实践课程、制订科学的实践计划、配备专业的实践指导教师以及建立有效的实践评估机制等。实践课程应涵盖听、说、读、写、译等各个方面，并注重与职业需求的对接，如商务英语、旅游英语、法律英语等。实践计划应明确实践教学的目标、内容、方法和时间安排，确保实践教学的有序进行；实践指导教师应具备丰富的实践经验和教学经验，能够为学生提供专业的指导和建议；实践评估机制应全面、客观地评价学生的实践能力和成果，激励学生积极参与实践教学活动。

（三）开展模拟商务谈判活动

模拟商务谈判是提升学生语言实践应用能力的重要途径之一。通过模拟真实的商务谈判场景，学生可以运用所学的语言知识和商务知识，进行角色扮演和互动交流。这种活动不仅能够锻炼学生的口语表达能力和思维反应能力，还能帮助他们了解商务谈判的基本流程和技巧，为未来的职业发展打下坚实基础。在模拟商务谈判活动中，教师可以设置不同的谈判主题和情境，引导学生分析谈判双方的利益诉求和谈判策略，培养他们的谈判能力和团队协作精神。

（四）实施国际会议模拟项目

国际会议模拟项目也是提升学生语言实践应用能力的有效方式。通过模拟国际会议的筹备、召开和闭幕等各个环节，学生可以亲身体验国际会议的组织和管理过程，锻炼他们的组织协调能力、沟通能力和跨文化交际能力。在国际会议模拟项目中，学生需要扮演不同的角色，如主持人、发言人、翻译等，运用英语进行口头报告、讨论和问答等环节。这种活动不仅能够提高学生的英语口语表达能力和听力理解能力，还能拓宽他们的国际视野和跨文化交流经验。

（五）加强校企合作与实习基地建设

为了进一步提升学生的语言实践应用能力，还需要加强校企合作与实习基地建设。通过与企业和机构建立合作关系，为学生提供更多的实践机会和就业岗位。同时，学校可以建立自己的实习基地或与企业合作共建实习基地，为学生提供更加真实、丰富的语言实践环境。在实习基地中，学生可以接触到真实的职业场景和工作任务，运用所学的语言知识和专业技能解决实际问题。这种实践经历不仅能够提高学生的语言实践应用能力，还能增强他们的职业素养和就业竞争力。

第六节　教学内容与行业需求对接

一、行业需求分析

（一）全球化背景下的英语能力需求概览

在全球经济一体化和文化交流日益频繁的今天，英语作为国际通用语言，其重要性不言而喻。不同行业对英语能力的需求呈现出多元化、专业化的特点。对于高校英语教学而言，定期进行行业需求分析，准确把握市场需求的变化，是提升教学质量、增强学生就业竞争力的关键所在。

（二）科技行业对英语能力的特殊要求

随着科技的飞速发展，科技行业对英语能力的需求日益增长。科技企业在国际化进程中，需要与全球同行进行技术交流与合作。因此，科技领域的英语人才需具备扎实的专业英语词汇、流利的口语表达能力和准确理解科技文献的能力。在英语教学中，应强化科技英语阅读、写作和口语训练，使学生能够适应科技行业的实际需求。

（三）金融行业的英语沟通能力建设

金融行业作为全球经济的核心领域，其业务涉及多个国家和地区，对英语沟通能力的要求极高。金融行业的英语人才需具备熟练的国际金融术语掌握能力、清晰的报表解读能力和高效的商务谈判技巧。在英语教学中，应注重金融英语课程的设置，结合真实的金融案例，提升学生的金融英语应用能力。

（四）跨境电商对英语技能的多元需求

跨境电商的兴起，为国际贸易注入了新的活力。跨境电商企业不仅需要员工具备基本的英语听说读写能力，还要求其了解不同文化背景下的消费习惯、市场趋势和法律法规。因此，英语教学应融入与跨境电商相关的课程内容，如跨境电商平台操作技巧、跨文化交际技巧等，以满足该行业对英语技能的多元需求。

（五）教育行业对英语教育理念的传播

教育行业是传承文化、培养人才的重要领域。随着国际教育交流的加深，越来越多的中国学生选择出国留学或参与国际学术活动，这对英语教育提出了更高的要求。在英语教学中，不仅要注重语言技能的培养，还要传播先进的英语教育理念，如批判性思维、跨文化交际能力等，以培养学生的国际视野和跨文化适应能力。

（六）持续跟踪与动态调整教学策略

行业需求分析是一个持续的过程，随着市场环境的不断变化，各行业对英语能力的需求也会发生相应调整。因此，高校英语教学应建立行业需求分析的长效机制，定期收集、分析行业信息，动态调整教学内容和教学方法。同时，加强与企业的合作与交流，了解企业实际用人需求，为学生提供更加贴近市场、更具针对性的英语教育服务。

定期进行行业需求分析是高校英语教学不可或缺的一环。通过深入了解不同行业对英语能力的具体要求和趋势变化，我们可以更加精准地定位教学目标、优化教学内容、创新教学方法，从而培养出更多符合市场需求的高素质英语人才。

二、定制化教学内容

（一）行业需求调研与分析

在构建定制化教学内容与课程体系的过程中，首要任务是进行深入的行业需求调研与分析。这要求教学团队紧密关注市场动态，了解各行业对英语人才的需求趋势、技能要求及职业发展路径。通过问卷调查、企业访谈、行业报告分析等多种方式，收集并整理相关数据，为教学内容的定制化提供有力依据。细致的行业需求调研，可以确保教学内容具有针对性和实用性，使学生所学知识与未来职业发展紧密相联。

（二）课程体系重构与优化

基于行业需求调研的结果，对现有的课程体系进行重构与优化是定制化教学内容的关键步骤，这包括调整课程设置、优化课程结构、更新课程内容等方面。具体来说，应根据不同行业的英语应用特点，设置专门的行业英语课程，如商务英语、旅游英语、法律英语等，以满足特定行业的需求。同时，在课程结构上，应强化实践教学环节，增加案例分析、模拟演练、项目合作等实践性强的教学内容，提高学生的语言实践应用能力。此外，还应注重课程内容的时效性和前沿性，及时引入行业最新的发展动态和研究成果，确保教学内容的先进性和实用性。

（三）教学方法与手段的创新

为了更好地实施定制化教学内容，教学方法与手段的创新同样重要。教师应采用多样化的教学方法，如任务型教学、情景模拟、翻转课堂等，激发学生的学习兴趣和主动性。同时，充分利用现代信息技术手段，如多媒体教学、网络教学平台等，为学生提供更加丰富、便捷的学习资源和互动平台。教学方法与手段的创新可以进一步提高教学效果和学生的学习体验，促进学生对定制化教学内容的深入理解和掌握。

（四）师资力量建设与培训

定制化教学内容的实施离不开高素质的师资队伍。因此，加强师资力量的建设与培训是定制化教学内容的重要保障。高校应加大对英语教师的培养力度，鼓励教师参加行业培训、学术交流等活动，提高他们的专业素养和教学能力。同时，积极引进具有行业背景和实践经验的英语教师，充实教学团队的力量。师资力量的建设与培训可以确保教师能够准确把握行业需求和发展趋势，为学生提供更加精准、有效的指导和帮助。

（五）建立反馈与调整机制

定制化教学内容的实施是一个动态的过程，需要不断地进行反馈与调整。学校应建立完善的反馈机制，定期收集学生、教师及行业对教学内容和课程体系的意见和建议。通过深入分析这些反馈意见，教师要及时发现并解决教学中存在的问题和不足。同时，根据行业发展的变化和学生需求的调整，适时对教学内容和课程体系进行修订和完善。建立反馈与调整机制，可以确保定制化教学内容的持续性和有效性，为学生的职业发展提供有力的支持。

三、校企合作模式

（一）深化校企合作，构建教学与实践的桥梁

在高校英语教学中，构建校企合作模式，是实现理论与实践相结合、提升学生就业竞争力的有效途径。通过与企业建立长期稳定的合作关系，学校可以邀请行业专家参与教学过程，将企业的实际需求融入教学内容，使教学更加贴近市场、贴近职业。这种合作模式不仅能够为学生提供更加真实的语言环境和实践机会，还能帮助企业提前介入人才培养过程，选拔符合自身需求的优秀人才。

（二）行业专家进课堂，拓宽学生视野

邀请行业专家走进高校的英语课堂，是校企合作模式的重要体现。这些专家来自不同领域，拥有丰富的实践经验和深厚的行业背景，他们可以通过讲座、研讨会、工作坊等形式，为学生分享行业动态、传授实战经验、解答专业疑问。这种面对面的交流，能够极大地拓宽学生的视野，帮助他们了解不同行业对英语能力的具体要求，从而更有针对性地提升自己的语言技能和职业素养。

（三）实践指导与职业发展建议，助力学生成长

校企合作模式下，企业不仅提供教学支持，还应积极参与学生的实践指导和职业发展规划。企业可以为学生提供实习实训基地，让学生在真实的工作环境中锻炼英语应用能力，积累工作经验。同时，企业导师还可以根据学生的个人特点和职业规划，提供个性化的职业发展建议，帮助学生明确职业方向，规划未来道路。这种全方位的指导和支持，能够极大地提升学生的就业竞争力和职业发展空间。

（四）共建课程体系，实现教学内容与市场需求的无缝对接

为了更好地满足市场需求，校企合作双方应共同参与课程体系的构建。学校可以根据企业的实际需求，调整和优化课程设置，增加与行业需求紧密相关的课程内容。企业则可以提供行业前沿知识、技能要求和职业发展趋势等方面的信息，帮助学校更新教学内容，确保教学内容与市场需求保持同步。通过共建课程体系，学校和企业可以形成优势互补、资源共享的良性互动关系，共同推动高校英语教学质量的提升。

（五）持续的评估与反馈，确保合作效果最大化

校企合作模式的实施效果需要通过持续的评估与反馈来检验。学校应建立科学的评估机制，定期对校企合作项目进行评估，了解项目实施情况、学生满意度和企业反馈意见等。同时，学校还应积极收集学生的反馈意见，了解他们在实践中的收获与困惑，以便及时调整教学策略和教学内容。企业也应积极参与评估过程，提供宝贵的建议和意见，帮助学校不断改进和完善校企合作模式。持续的评估与反馈可以确保校企合作效果的最大化，实现学校、企业和学生三方的共赢。

四、实习实训机会

（一）实习实训机会的多样化设计

在高校英语教学中，为学生提供实习实训机会是提升学生实践能力和行业适应性的重要途径。为了实现这一目标，学校应设计多样化的实习实训项目，以满足不同行业对英语人才的需求。这些项目可以包括校内实训基地模拟、校企合作实习、国际交流项目等多种形式。校内实训基地模拟能够让学生在模拟真实的工作环境中进行语言实践，锻炼其实际操作能力；校企合作实习则能让学生深入企业一线，了解行业运作流程，提升职业素养；国际交流项目则能拓宽学生的国际视野，增强跨文化交际能力。

（二）实习实训内容的针对性与实用性

为了确保实习实训机会的有效性，其实训内容必须紧密围绕行业需求和学生发展目标进行设计。学校应与相关行业企业保持密切联系，共同制

订实习实训计划，确保实训内容能够覆盖行业所需的英语技能。同时，实训内容还应注重实用性和可操作性，让学生在实践中真正掌握行业所需的语言技能和专业知识。例如，在商务英语专业中，可以设计商务洽谈、函电写作、产品介绍等实训项目；在旅游英语专业中，则可以设计导游讲解、酒店服务、旅游规划等实训内容。

（三）实习实训过程的指导与监督

在实习实训过程中，学校应加强对学生的指导与监督，确保实习实训活动的顺利进行。学校可以指派专门的指导教师或企业导师负责学生的实习实训工作，为他们提供必要的指导和帮助。同时，学校还应建立完善的实习实训管理制度，对实习实训过程进行全程跟踪和评估。通过定期的检查和反馈机制，学校可以及时了解学生在实习实训中的表现和问题，并采取相应的措施进行改进和优化。

（四）实习实训成果的评估与反馈

实习实训结束后，学校应对学生的实习实训成果进行全面的评估和反馈。评估内容包括学生的语言能力、专业技能、职业素养等多个方面。通过评估结果的分析和总结，学校可以了解学生在实习实训中的收获和不足，并为后续的教学改革和课程设计提供参考依据。同时，学校还应将评估结果及时反馈给学生和企业，帮助他们更好地了解自身的优势和劣势，为未来的职业发展做出更加明智的选择。

（五）加强校企合作与实习基地建设

为了提供更多高质量的实习实训机会，学校应加强与企业的合作与交流，共同建设实习实训基地。通过校企合作，学校可以了解企业的实际需求和发展趋势，为教学改革和课程设计提供有力支持。同时，企业也可以借助学校的资源和平台，培养更多符合自身需求的高素质英语人才。在实习实训基地的建设过程中，学校和企业应共同制订实习实训计划、完善实训设施、优化实训流程等，确保实习实训活动的顺利进行和取得实效。

五、职业发展规划

（一）教学内容与行业需求的深度融合

在高校英语教学中，将职业发展规划融入其中，首要任务是确保教学内容与行业需求的高度契合。这要求教师在设计课程时，不仅要关注语言技能的培养，更要深入了解不同行业的英语应用特点和职业发展趋势。通过引入与行业相关的阅读材料、模拟职场场景和真实案例，使学生能够在学习过程中逐步建立对职业世界的认知，明确不同岗位对英语能力的具体要求。

（二）个性化职业发展规划的制定

每个学生的兴趣爱好、能力特长和职业目标各不相同，因此，制定个性化的职业发展规划至关重要。高校英语教学应鼓励学生进行自我探索，通过职业兴趣测试、能力评估等工具，帮助学生了解自己的优势和劣势，明确自己的职业倾向。在此基础上，教师可以结合学生的个人特点和行业需求，引导学生制定切实可行的职业发展规划，包括短期学习目标、中期职业定位和长期发展方向。

（三）学习目标与职业方向的明确

职业发展规划的核心在于帮助学生明确学习目标和职业发展方向。在高校英语教学中，教师应引导学生将英语学习与职业目标相结合，设定具体、可衡量的学习目标。这些目标可以包括通过英语等级考试、掌握特定行业的专业术语、提升职场沟通能力等。同时，教师还应帮助学生了解不同职业路径对英语能力的具体要求，如外贸业务员需具备流利的口语和写作能力，而技术翻译则需精通专业领域的翻译技巧。通过明确学习目标和职业方向，学生可以更加有针对性地投入学习，提高学习效率。

（四）职业规划教育的持续性与动态性

职业发展规划并非一蹴而就，而是一个持续、动态的过程。随着市场环境的变化和个人成长的发展，学生的职业目标和规划也可能发生调整。因此，高校英语教学中的职业规划教育应具有持续性和动态性。教师可以通过定期的职业规划讲座、一对一的职业咨询、行业专家交流等方式，为学生提供持续的指导和支持。同时，鼓励学生关注行业动态、参加职业实践活动、建立职业网络等，以便及时调整自己的职业规划，适应市场需求的变化。

（五）培养学生自主规划能力

培养学生自主规划能力最终目标是培养学生具备自主规划职业生涯的能力。在高校英语教学中，教师应注重培养学生的自我认知、自我管理和自我发展能力。通过教授职业规划的方法和技巧，引导学生学会自我评估、设定目标、制订计划、执行监控和调整反馈等步骤。同时，鼓励学生积极参与职业规划活动，如模拟面试、职业规划竞赛等，通过实践锻炼提升自己的职业规划能力。当学生具备了自主规划职业生涯的能力时，他们将更加自信地面对未来的职业挑战和发展机遇。

第四章　英语教学评估体系的完善

第一节　教学评估的现状与挑战

一、传统评估模式的局限性

（一）单一评价维度的偏颇

在当前的高校英语教学评估体系中，考试成绩往往被作为衡量学生学习成果的主要标准乃至唯一标准。这种过分依赖考试成绩的评估模式，其局限性首先体现在评价维度的单一性上。考试成绩主要反映的是学生对语言知识点的掌握程度，如词汇、语法、阅读理解等，而忽视了对学生语言运用能力、批判性思维、跨文化交际能力等多维度能力的考查。这种单一的评估方式无法全面反映学生的真实水平和综合素质，限制了对学生全面发展的评价。

（二）过程评价的缺失

传统评估模式的另一个显著局限在于对过程评价的忽视。学习是一个动态的过程，涉及知识的获取、理解、应用和创新等多个阶段。然而，当前的评估体系往往只关注最终的学习结果，即考试成绩，而忽视了学生在学习过程中的表现和努力。缺乏过程评价，教师难以了解学生的学习进展、遇到的困难和需要的支持，也无法及时给予针对性的指导和反馈。这种“一刀切”的评估方式，不仅不利于学生的个性化发展，还可能会挫伤学生的学习积极性。

（三）全面发展的忽视

过分依赖考试成绩的评估模式导致了对学生全面发展的忽视。高校英语教学的目标不仅仅是传授语言知识，更重要的是培养学生的语言运用能力、跨文化交际能力、自主学习能力等综合素养。然而，传统评估模式往往只关注语言知识的考核，而忽视了对学生其他能力的评价。这种评估方式既无法有效促进学生的全面发展，也无法满足社会对高素质英语人才的需求。

（四）对学生个体差异的忽视

传统评估模式存在对学生个体差异的忽视问题。每个学生都是独一无二的个体，他们在学习能力、兴趣爱好、学习风格等方面都存在差异。然而，传统评估模式往往采用统一的考试标准和评分标准，忽视了学生之间的个体差异。这种“一刀切”的评估方式不仅无法准确反映学生的实际水平，还可能加剧学生的焦虑感和挫败感，影响他们的学习动力和自信心。

（五）评估反馈的滞后性

传统评估模式存在评估反馈的滞后性问题。由于评估结果通常只在学期末或学年结束时公布，学生往往无法及时了解自己的学习情况和存在的问题。这种滞后的反馈机制不利于学生及时调整学习策略和方法，也不利于教师根据学生的反馈进行教学改进和优化。因此，传统评估模式在促进学生学习进步和教学质量提升方面存在明显的局限性。

当前教学评估中过分依赖考试成绩、忽视过程评价和全面发展的现状亟待改变。为了更好地促进学生的学习和发展，我们需要构建多元化、全面化的评估体系，注重对学生多维度能力的评价和对学习过程的关注，以更好地满足社会对高素质英语人才的需求。

二、评估主体单一

（一）教师单一评估主体的局限性

在高校英语教学中，评估作为检验教学效果、促进学生发展的重要环节，其主体选择至关重要。长期以来，教师作为评估的主要甚至唯一主体，虽然能够凭借其专业知识和教学经验对学生的学习情况进行判断，但这种单一评估模式也存在不容忽视的局限性。一方面，教师的评估往往侧重于语言技能本身，如词汇量、语法准确性、口语流利度等，而可能忽视了学生的实际语言运用能力、学习态度、创新能力等非技能因素。另一方面，教师的主观判断也可能受到个人偏见、情感因素等的影响，导致评估结果不够客观公正。

（二）学生自我评估的价值与意义

学生作为学习的主体，其自我评估能力的培养至关重要。通过自我评估，学生能够更加清晰地认识自己的学习状况，发现自身存在的问题与不足，从而有针对性地制订学习计划，调整学习策略。此外，自我评估还能增强学生的学习责任感和自主性，促进终身学习能力的形成。在高校英语教学中，教师应鼓励学生进行自我评估，提供必要的指导和支持，帮助学生掌握自我评估的方法和技巧。

（三）同行评估的互补性优势

同行评估，即教师之间的相互评估，是评估主体多元化的重要体现。同行评估能够弥补教师单一评估的不足，通过不同教师之间的交流与碰撞，实现教学经验的共享和教学理念的更新。在高校英语教学中，同行评估可以针对教学方法、教学内容、教学效果等方面进行综合评价，提出建设性的意见和建议。这种评估方式不仅能够促进教师专业素养的提升，还能增强教师之间的合作与交流，形成良好的教学氛围。

（四）外部专家评估的专业性与权威性

外部专家评估，即邀请具有丰富教学经验和专业知识的外部人士对教学活动进行评估，是确保评估结果客观公正的重要手段。外部专家能够站在更高的视角审视教学活动，提供更为全面、深入的评估意见。在高校英语教学中，外部专家评估可以针对课程设置、教材选用、教学方法创新等方面进行评价，为教学改革提供有力的支持。同时，外部专家的评估结果也具有较高的权威性，能够为学生、家长和社会各界提供可信的参考依据。

（五）构建多元化评估体系的必要性

评估主体的单一化已无法满足高校英语教学的实际需求。为了更加全面、客观地评估学生的学习情况，促进教学质量的提升，构建多元化评估体系势在必行。这一体系应涵盖学生自我评估、同行评估、外部专家评估等多个维度，形成相互补充、相互促进的评估格局。同时，还应注重评估过程的透明度和公正性，确保评估结果的客观性和有效性。通过多元化评估体系的建立与实施，我们可以更好地了解学生的学习需求和发展状况，为高校英语教学提供更加精准、有效的支持。

三、评估内容片面

（一）语言技能评估的局限性

在当前的英语教学评估体系中，评估内容往往过于集中在语言技能上，如听、说、读、写、译等基本技能。诚然，这些技能是语言学习的基础，但仅仅关注这些方面显然不足以全面衡量学生的英语能力。语言技能评估的局限性在于，它忽略了语言作为交流工具所承载的更深层次的意义和价值，即语言在促进思维发展、激发创新能力和促进跨文化交流中的重要作用。

（二）思维能力的缺失评估

思维能力，包括批判性思维、逻辑性思维、创造性思维等，是大学生应具备的重要素质之一。然而，当前的评估体系对思维能力的评估却显得尤为不足。高校英语教学不应仅仅停留在语言知识的传授上，更应注重培养学生的思维能力，使他们能够独立思考、分析问题并提出解决方案。忽视思维能力的评估，不仅限制了学生智力的发展，也影响了他们未来在学术研究和职业生涯中的竞争力。

（三）创新能力的边缘化

在快速变化的社会中，创新能力成为衡量人才的重要标准之一。然而，在高校英语教学评估中，创新能力往往被边缘化，没有得到应有的重视。创新能力体现在学生能否运用所学知识解决实际问题，提出新颖见解或创造性作品。然而，当前的评估体系往往只关注学生对现有知识的掌握程度，而忽视了对学生创新能力的培养和评估。这种情况既不利于激发学生的创造潜力，也不利于培养适应未来社会需求的高素质英语人才。

（四）跨文化交际能力的忽视

随着全球化的深入发展，跨文化交际能力成为英语学习者必备的能力之一。然而，在当前的评估体系中，跨文化交际能力却常常被忽视。跨文化交际能力不仅要求学生掌握一定的语言技能，还要求他们了解不同文化的背景、习俗和价值观，能够在跨文化交际中灵活应对。然而，由于评估内容的片面性，学生往往只关注语言技能的提升，而忽视了跨文化交际能力的培养。这种情况不仅限制了学生国际视野的拓展，也影响了他们未来在国际舞台上的表现。

（五）构建全面评估体系的必要性

鉴于当前评估内容片面的现状，构建全面评估体系显得尤为重要。全面评估体系应涵盖语言技能、思维能力、创新能力和跨文化交际能力等多个方面，以全面、客观地评价学生的英语能力。同时，评估方式也应多样化，既包括传统的笔试、口试等考试形式，也包括项目作业、课堂表现、团队合作等非考试形式的评估。通过构建全面的评估体系，我们可以更好地了解学生的学习情况和发展需求，为他们提供更加个性化、针对性的教学支持，促进他们的全面发展。

四、评估手段落后

（一）纸质测试的局限性剖析

在传统英语教学中，纸质测试作为主要的评估手段，长期占据着主导地位。然而，随着教育理念的更新和信息技术的发展，纸质测试的局限性日益凸显。首先，纸质测试往往侧重于对学生记忆能力和应试技巧的考查，难以全面反映学生的语言综合运用能力和创新能力。其次，纸质测试的命题、阅卷等过程耗时费力，效率低下，并且易受人为因素的影响，导致评估结果的主观性和不确定性。此外，纸质测试还缺乏即时反馈和个性化指导的功能，难以满足学生个性化学习的需求。

（二）单一评价工具的不足

与纸质测试相伴而生的，是单一评价工具的广泛使用。这些工具往往基于固定的标准和模式，对学生的学习成果进行量化评分。然而，这种评价方式忽视了学生之间的个体差异和学习过程的复杂性，难以全面、深入地了解学生的学习状况和需求。单一评价工具还可能导致“应试教育”的倾向，使学生过分追求分数而忽视语言能力的实际提升。

（三）引入现代化信息技术手段的必要性

为了克服传统评估手段的不足，提升高校英语教学的评估质量，引入现代化信息技术手段显得尤为必要。首先，信息技术手段能够提供多样化的评估方式，如在线测试、语音识别、机器评分等，这些方式不仅能够全面考查学生的语言综合运用能力，还能提高评估的效率和准确性。其次，信息技术手段能够实现评估数据的实时采集和分析，为教师提供即时的反馈和个性化的教学建议，从而帮助学生更好地了解自己的学习状况，制订具有针对性的学习计划。此外，信息技术手段还能支持学生之间的互评和协作学习，促进学生之间的交流与合作，培养学生的团队协作能力和批判性思维。

（四）构建综合评估体系的路径

为了充分发挥现代化信息技术手段在英语评估中的作用，需要构建一套综合评估体系。这一体系应包括多个评估维度和多种评估工具，以全面、客观地反映学生的学习成果和发展状况。具体来说，可以引入在线学习平台，通过数据分析技术监测学生的学习进度和成效；利用语音识别和机器评分技术，对学生的口语和写作进行自动化评估；开展项目式学习和小组合作学习，通过同伴评价和自我评价培养学生的自主学习能力和团队协作能力。同时，还应注重评估结果的反馈和应用，将评估结果作为教学改进和学生个性化指导的重要依据。

（五）面向未来的评估趋势

随着信息技术的不断发展和教育理念的持续更新，未来的英语评估将更加注重过程性、发展性和多元化。评估将不再局限于传统的纸质测试和单一评价工具，而是更多地融入现代信息技术手段，实现评估方式的多样化和评估过程的动态化。同时，评估将更加注重学生的个体差异和学习需求，提供个性化的评估方案和指导建议。未来的评估还将更加关注学生的学习过程和学习体验，通过实时反馈和持续跟踪，帮助学生实现全面发展和终身学习的目标。

五、评估结果应用不足

（一）评估结果与教学改进相脱节

在高校英语教学过程中，评估结果本应作为教学改进的重要依据，然而现实情况却往往并非如此。一方面，评估结果可能仅被用作学生评优评先或学分认定的依据，而未能深入剖析其背后反映的教学问题和学生的实际需求。另一方面，教师可能由于时间、精力或观念的限制，未能充分利用评估结果来调整教学策略、优化教学内容，导致教学改进的步伐滞后于学生发展的需要。

（二）评估结果对学生个性化学习的指导不足

每个学生的学习特点、兴趣爱好和学习目标都不尽相同，因此，评估结果应成为学生个性化学习的重要指导。然而，在实际操作中，评估结果往往被简单地归类为分数或等级，未能深入挖掘学生个体的优势和不足，提供有针对性的学习建议。这导致学生在面对评估结果时，往往只能看到自己的总体表现，而无法明确自己的具体学习方向和改进策略，从而影响其学习动力和效果。

（三）加强评估结果反馈与沟通的机制

为了解决评估结果应用不足的问题，首先，需要建立有效的评估结果反馈与沟通机制。学校应定期组织教师会议，共同探讨评估结果所反映的教学问题和学生需求，制定针对性的改进措施。其次，教师应及时将评估结果反馈给学生，不仅告知其分数或等级，更要详细解释评估标准、分析其学习表现，并给出具体的改进建议。最后，鼓励学生主动与教师沟通，分享自己的学习体验和困惑，以便教师更准确地把握学生的学习状况，提供更加个性化的指导。

（四）推动教学方式的创新与变革

评估结果的有效应用还依赖于教学方式的创新与变革。教师应积极探索新的教学方法和手段，如采用项目式学习、合作学习等模式，激发学生的学习兴趣和主动性，培养他们的自主学习能力和团队协作能力。同时，教师应关注学生的学习过程，通过课堂观察、作业分析等方式收集学生的学习数据，以便更准确地评估其学习成效和发展潜力。此外，教师还可以利用现代信息技术手段，如在线学习平台、智能评估系统等，提高评估的效率和准确性，为教学改进和学生个性化学习提供更加有力的支持。

（五）构建以学生为中心的评估体系

要实现评估结果的有效应用，必须构建以学生为中心的评估体系。这一体系应关注学生的全面发展，不仅评估其语言技能水平，还注重考查其思维能力、创新能力、跨文化交际能力等非语言能力。同时，评估方式应多样化，既包括传统的笔试、口试等形式，也包括项目作业、课堂表现、自我评价等多种评价方式。通过构建这样的评估体系，我们可以更全面地了解学生的学习状况和发展需求，为他们提供更加个性化、精准的学习支持，促进其全面发展。

第二节　以学生为中心的评估理念

一、学生主体地位的强化

（一）尊重学生主体地位：评估理念的转变

在高校英语教学中，评估不仅是检验学习成果的手段，更是促进学生全面发展的过程。这一过程中，学生主体地位的强化显得尤为重要。传统评估模式往往以教师为中心，学生处于被动接受地位，这在一定程度上限制了学生主体性的发挥。因此，我们需要转变评估理念，将学生视为评估的主体，尊重其在学习过程中的主体地位，鼓励学生积极参与评估活动，培养其自主学习能力和自我反思能力。

（二）自我评估：提升学习自主性的关键

自我评估是学生主体地位在评估中的直接体现。通过自我评估，学生能够更加清晰地认识到自己的学习状况，明确自己的优点和不足，从而有针对性地制订学习计划，调整学习策略。在高校英语教学中，教师应引导学生掌握自我评估的方法和技巧，如设定学习目标、记录学习日志、进行阶段性反思等。同时，教师还应提供必要的指导和支持，帮助学生建立正确的自我评估观念，避免盲目自信和自卑情绪的产生。通过自我评估的实践，学生能够逐渐培养出自主学习的能力和习惯，为终身学习奠定坚实的基础。

（三）同伴评估：促进交流与合作的有效途径

同伴评估是另一种体现学生主体地位的评估方式。在同伴评估中，学生之间相互评价学习成果，分享学习经验和心得，这不仅能够促进学生之间的交流与合作，还能帮助学生从多个角度审视自己的学习表现，发现自身存在的问题与不足。在高校英语教学中，教师可以组织小组讨论、项目合作等活动，为学生创造同伴评估的机会。同时，教师还应教授学生如何进行客观、公正的同伴评估，避免主观臆断和恶意评价的发生。通过同伴评估的实践，学生能够学会尊重他人、理解他人，培养团队协作精神和批判性思维能力。

（四）自我评估与同伴评估的融合：构建多元化评估体系

自我评估与同伴评估各有其独特的优势，将二者有机融合起来，可以构建出一个更加全面和多元化的评估体系。在这个体系中，学生既是评估的主体也是评估的参与者，他们通过自我评估和同伴评估相结合的方式，对自己的学习状况进行全面的审视和反思。同时，教师也应积极参与到评估过程中来，为学生提供必要的指导和支持，确保评估活动的顺利进行。通过多元化评估体系的构建，我们能够更加全面、客观地了解学生的学习状况和发展需求，为教学改进和学生个性化指导提供有力的支持。

（五）培养自主学习能力：评估的最终目标

尊重学生主体地位、鼓励学生自我评估和同伴评估的最终目标，是为了培养学生的自主学习能力。自主学习能力是学生终身发展的核心素养之一，它要求学生具备独立学习、自我管理和自我发展的能力。在高校英语教学中，通过强化学生主体地位、引入多元化评估方式等措施，我们可以逐步培养学生的自主学习能力。当学生具备了自主学习能力时，他们将能够更加主动地参与学习活动，积极探索未知领域，不断提升自己的综合素质和竞争力。

二、全面发展视角

（一）知识积累的深度与广度

在高校英语教学中，评估学生的知识掌握情况是不可或缺的一环。然而，全面发展的视角要求评估不仅仅停留在语言知识点的记忆与再现上，更应关注学生对知识理解的深度与广度。这意味着评估应考查学生是否能够运用所学知识解决实际问题，是否能够在不同情境下灵活运用语言，以及是否具备跨学科的知识储备，以支持其深入理解和分析英语材料。通过多样化的评估方式，如论文写作、案例分析、主题演讲等，可以全面评估学生在知识积累方面的成效，促进其知识的内化与迁移。

（二）技能提升的全面性

除了知识积累，技能的提升也是评估的重要方面。在高校英语教学中，学生的听、说、读、写、译等技能是评估的重点。然而，全面发展的视角要求我们不仅仅关注这些基本技能，还应关注学生的高级语言技能，如批判性思维、创造性表达、跨文化交际能力等。评估应设计能够激发学生潜能的任务和活动，如辩论赛、角色扮演、文化研究项目等，以全面考查学生的语言运用能力和综合素质。同时，评估还应关注学生的信息技术能力，如利用网络资源进行自主学习、利用多媒体工具进行创作等，以适应信息化时代的需求。

（三）积极态度的培养

学习态度是影响学习效果的重要因素之一。全面发展的视角强调评估应关注学生学习态度的培养。这包括学生对英语学习的热情、对挑战的积极应对、对合作学习的认可与参与等。评估可以通过观察学生在课堂上的表现、收集学生自评与互评的反馈、分析学生学习日志等方式，来评估其学习态度的变化。同时，教师可以通过设置激励机制、营造积极的学习氛围、提供个性化的学习支持等方式，来引导学生形成积极的学习态度，促进其持续进步。

（四）价值观的塑造

价值观是个体行为选择的内在指南。在高校英语教学中，评估还应关注学生的价值观塑造。这包括学生的国际视野、文化包容性、社会责任感等。评估可以通过分析学生的作文、演讲、讨论等内容，来考查其是否具备正确的世界观、人生观和价值观。同时，教师可以通过引入多元文化阅读材料、组织跨文化交流活动等方式，来拓宽学生的国际视野，培养其文化包容性；

通过讨论社会热点问题、参与志愿者服务等方式，来增强学生的社会责任感，促进其成为具有全球意识和人文关怀的公民。

（五）评估体系的整合与优化

为了实现学生的全面发展，评估体系需要进行整合与优化。这包括评估内容的多元化、评估方式的多样化、评估主体的多元化以及评估结果的反馈与利用等方面。评估内容应涵盖知识、技能、态度、价值观等多个方面；评估方式应结合定性与定量方法，采用笔试、口试、项目作业、课堂表现等多种形式；评估主体应包括教师、学生、同伴及外部专家等；评估结果应及时反馈给学生和教师，用于指导教学改进和学生个性化学习。通过整合与优化评估体系，我们可以更全面地了解学生的学习状况和发展需求，为其提供更加精准的学习支持和发展指导，促进其全面发展。

三、个性化评估需求

（一）认识学生个体差异：评估的起点

在高校英语教学中，每个学生都是独一无二的个体，他们拥有不同的学习风格、兴趣偏好和能力水平。这些个体差异是评估过程中不可忽视的重要因素。传统的“一刀切”评估方式往往无法准确反映学生的真实学习状况，甚至可能挫伤学生的学习积极性。因此，要实施有效的评估，先要深入了解并尊重学生的个体差异，将其作为评估的起点。

（二）学习风格与评估方案的匹配

学生的学习风格是影响其学习效果的关键因素之一。有的学生偏好视觉学习，通过图像、图表等直观材料能更好地理解和掌握知识；而有的学生则更倾向于听觉学习，通过听讲、讨论等方式更能激发学习兴趣。因此，在制订评估方案时，应充分考虑学生的学习风格，采用多样化的评估手段，如视频讲解、音频材料、小组讨论等，以满足不同学习风格学生的需求。

（三）兴趣导向的评估内容设计

兴趣是最好的老师。学生对所学内容的兴趣程度直接影响其学习动力和效果。在高校英语教学中，教师应关注学生的兴趣点，将评估内容与学生的兴趣相结合，设计富有吸引力和挑战性的评估任务。例如，对于喜欢文学的学生，可以布置阅读英文原著并撰写书评的评估任务；对于热爱科技的学生，则可以设计关于最新科技进展的英文报告或演讲。这样的评估内容既能激发学生的学习兴趣，又能有效检验其语言综合运用能力。

（四）能力分层的评估标准制定

学生的能力水平参差不齐是教学过程中的常态。在制定评估标准时，应避免采用统一的标准来衡量所有学生，而应根据学生的能力水平进行分层。对于基础较弱的学生，评估标准应适当降低，注重基础知识的掌握和基本技能的培养；对于能力较强的学生，则应提高评估标准，鼓励其进行更深入的学习和探索。能力分层的评估标准，可以确保每个学生都能在适合自己的评估体系中得到公正的评价和反馈。

（五）动态调整的评估过程

学生的学习是一个动态发展的过程，其学习风格、兴趣和能力都会随着时间和经验的积累而发生变化。因此，评估过程也应具备动态调整的能力。

教师应定期对学生的学习状况进行评估，并根据评估结果及时调整评估方案和教学策略。同时，还应鼓励学生参与评估过程的调整和优化，让他们感受到自己在学习过程中的主体地位和责任感。通过动态调整的评估过程，可以更好地满足学生不断变化的学习需求和发展目标。

（六）个性化评估的意义与展望

实施个性化评估是尊重学生个体差异、促进学生全面发展的必然要求。它不仅能够帮助学生更好地认识自己、发挥自己的优势和潜能，还能激发学生的学习积极性和创造力，提高教学效果和学习质量。未来，随着教育技术的不断发展和教学理念的持续更新，个性化评估将更加精准、高效地服务于英语教学，为学生的终身学习和全面发展提供有力的支持。

四、形成性评估为主

（一）形成性评估的重要性

在高校英语教学中，形成性评估作为一种关注学生学习过程、旨在促进教学持续改进的评估方式，其重要性日益凸显。相较于传统的终结性评估，形成性评估更加注重学生的学习轨迹、努力程度以及进步空间，而非仅仅聚焦于最终的学习成果。这种方式不仅有助于教师全面了解学生的学习状态，还能为学生提供及时的反馈，帮助他们及时调整学习策略，优化学习效果。

（二）关注学习过程的细微变化

形成性评估强调对学生学习过程的持续观察和记录，这要求教师具备敏锐的洞察力，能够捕捉到学生在学习过程中的细微变化。无论是课堂上的即时反应、作业中的点滴进步，还是课外自主学习的努力尝试，都应成为评估的重要依据。通过这些细微的观察，教师可以更准确地判断学生的学习需求，为他们提供更加个性化的指导。

（三）即时反馈与调整策略

即时反馈是形成性评估的核心要素之一。在学生完成学习任务或参与课堂活动后，教师应即时给予反馈，指出其优点与不足，并针对不足的地方提出具体的改进建议。这种即时的反馈机制有助于学生迅速认识到自己的问题所在，并激发他们解决问题的动力。同时，学生也可以根据反馈调整自己的学习策略，如改变学习方法、调整学习节奏等，以更好地适应学习需求。

（四）促进持续改进与自我反思

形成性评估不仅关注学生的学习成果，更重视其在学习过程中的成长与变化。通过持续的评估与反馈，学生可以逐渐形成自我反思的习惯，主动审视自己的学习行为，思考如何进一步提高学习效果。这种自我反思的能力对于学生的长远发展至关重要，它有助于他们在未来的学习和工作中保持持续进步的态度和动力。

（五）构建互动与合作的评估环境

在形成性评估的实践中，教师与学生的互动与合作至关重要。教师应积极营造一种开放、包容的评估环境，鼓励学生表达自己的观点和感受，分享自己的学习经验和困惑。同时，教师也应与学生建立良好的沟通机制，及时解答学生的疑问，提供必要的帮助和支持。这种互动与合作的评估环境有助于增强学生的参与感和归属感，提高他们的学习积极性和主动性。

（六）融合多种评估手段与方法

为了实现全面、客观的形成性评估，教师应融合多种评估手段与方法。除了传统的作业批改、课堂表现观察外，还可以采用同伴评价、自我评价、电子档案袋等新型评估方式。这些方式各有优势，能够从不同角度反映学生的学习情况和发展需求。通过综合运用这些评估手段与方法，教师可以更全面地了解学生的学习状况，为他们的个性化学习提供更加精准的指导。

五、积极反馈机制

（一）正面激励：点燃学习热情

在高校英语教学中，正面激励是构建积极反馈机制的核心。正面的反馈如同阳光雨露，能够滋养学生的心灵，激发他们的学习热情和动力。教师应善于发现学生的闪光点，无论是课堂上的积极参与，还是作业中的点滴进步，都应给予及时的肯定和表扬。这种正面激励不仅能够增强学生的自信心，还能让他们感受到学习带来的成就感和快乐，从而更加主动地投入英语学习。

（二）具体建议：指引成长方向

除了正面激励外，具体的建议也是积极反馈机制中不可或缺的一部分。当学生在学习上遇到困惑或挑战时，教师需要提供有针对性的指导，帮助他们找到问题所在，并给出具体的改进建议。这些建议应基于对学生学习状况的全面了解和深入分析，既要指出学生的不足之处，又要明确改进的方向和方法。通过具体的建议，学生能够更加清晰地认识到自己的优势和劣势，明确下一步的学习目标，从而更有针对性地进行自我提升。

（三）个性化反馈：尊重差异，促进发展

每个学生的学习风格、兴趣和能力都有所不同，因此，在构建积极反馈机制时，必须充分考虑学生的个体差异。教师应根据学生的具体情况，提供个性化的反馈，以满足不同学生的学习需求和发展目标。个性化的反馈不仅要求教师在内容上做到因人而异，还要在形式上灵活多样，如口头表扬、书面评语、个别指导等。通过个性化的反馈，学生能够感受到教师的关注和尊重，更加积极地参与学习活动，实现个性化的发展。

（四）及时性与持续性：确保反馈的有效性

及时性和持续性是构建积极反馈机制的重要保障。及时反馈能够让学生及时了解自己的学习状况，调整学习策略，避免问题的累积和扩大。而持续性反馈则能够帮助学生形成稳定的学习动力和习惯，确保他们在英语学习的道路上不断前行。因此，在高校英语教学中，教师应保持高度的敏感性和责任心，密切关注学生的学习动态，及时给予反馈，并持续关注学生的成长变化，确保反馈机制的有效运行。

（五）反馈文化的营造：共创积极学习氛围

构建积极反馈机制需要营造一种积极向上的学习氛围。这种氛围不仅来自教师的努力，更来自学生之间的相互影响和激励。教师可以通过组织

学习小组、开展学习竞赛等形式，激发学生的竞争意识和合作精神，让学生在相互学习和交流中共同进步。同时，教师还应鼓励学生勇于表达自己的观点和想法，敢于接受挑战和批评，形成开放、包容、进取的学习氛围。在这样的氛围中，学生能够更加自信地面对学习中的困难和挑战，以更加饱满的热情和更加坚定的信念追求英语学习的卓越。

第三节 多元化评估方法的探索

一、量化评估与质性评估相结合

（一）量化评估的精确性基础

在高校英语教学中，量化评估以其客观、可量化的特点，为衡量学生学习成效奠定了坚实的基础。通过考试成绩、词汇量测试、语法掌握程度等量化指标，教师可以快速而准确地获取学生的学习数据，了解学生在语言技能方面的基本水平。这些量化数据不仅便于教师进行横向比较，分析班级整体的学习进度和差异，还能为教学决策提供科学依据，如调整教学计划、分配教学资源等。

（二）质性评估的深入性探索

量化评估的局限性在于其难以全面捕捉学生的个体差异、学习态度、情感投入等非量化因素。此时，质性评估的重要性便凸显出来。质性评估通过观察、访谈、作品分析等方法，深入了解学生的学习过程、学习策略、思维方式和价值观念。它关注学生在学习中的主观体验、情感变化以及个人成长，能够揭示出量化评估所无法触及的深层次信息。质性评估的深入性有助于教师更全面地理解学生，发现他们的潜力和优势，以及存在的问题和挑战。

（三）互补优势，构建综合评估体系

为了全面反映学生的学习情况，我们需要将量化评估的精确性和质性评估的深入性相结合，构建一套综合评估体系。这套体系应包含多个维度和层面，既关注语言技能的量化指标，又重视学习态度、学习策略、思维能力等质性因素。在具体实施时，教师可以采用多种评估工具和方法，如问卷调查、学习日志、同伴评价、教师观察记录等，以收集全面而丰富的评估信息。同时，教师还应注重评估结果的整合与分析，将量化数据与质性信息相互印证、相互补充，形成对学生学习情况的全面认识。

（四）促进反馈与指导的个性化

综合评估体系不仅有助于全面了解学生的学习情况，还能为个性化反馈与指导提供有力的支持。通过量化评估，教师可以快速识别出学生在语言技能方面的薄弱环节，为他们提供有针对性的训练和指导；而通过质性评估，教师可以更深入地了解学生的学习需求、兴趣点和困惑点，为他们提供更加个性化的学习建议。这种个性化的反馈与指导能够激发学生的学习兴趣和动力，帮助他们更好地发挥自己的优势，克服自身的不足，实现全面发展。

（五）持续评估与动态调整

综合评估体系应是一个持续的过程，而非一次性的任务。教师应定期对学生进行评估，关注他们的学习进展和变化，并根据评估结果及时调整教学策略和方法。同时，学生也应参与评估过程，通过自我反思和同伴交流等方式，不断审视自己的学习状况，明确自己的学习目标和发展方向。这种持续评估与动态调整的过程有助于形成一个良性循环，促进教学质量的不断提升和学生学习成效的持续优化。

二、技能测试与综合能力评估

（一）口语测试的多样性设计

在高校英语教学中，口语能力是学生语言交际能力的重要组成部分。为了全面评估学生的口语水平，应设计多样化的口语测试方式。这包括但不限于模拟对话、角色扮演、即兴演讲和辩论等。模拟对话可以围绕日常生活、学术讨论或职场交流等主题展开，考查学生在不同情境下的语言组织和表达能力。角色扮演则通过设定具体场景，让学生在扮演角色的过程中体验语言的实际运用，评估其语言流利度、发音准确性和交际策略。即兴演讲则要求学生根据给定的话题在短时间内构思并发表演讲，考查其思维能力和语言组织能力。辩论则是一种更为高级的口语评估方式，它不仅能检验学生的口语表达能力，还能考查其逻辑思维、批判性思维和快速反应能力。

（二）写作评估的深度与广度

写作是评估学生语言综合运用能力的重要手段。为了全面评估学生的写作能力，应关注评估的深度与广度。在深度方面，可以通过分析学生的作文内容、观点阐述、论据支持等方面来评估其思想深度、逻辑严密性和语言准确性。同时，还应关注学生的写作风格、创新性和个性化表达，鼓励他们在写作中展现自己的独特见解和个性魅力。在广度方面，可以设计不同类型的写作任务，如议论文、说明文、应用文等，以考查学生在不同文体下的写作能力和适应能力。此外，还可以引入同伴互评和自我反思等评估方式，让学生在互评和反思中提升写作能力。

（三）项目展示：综合能力的展现舞台

项目展示是一种综合性的评估方式，它能够全面展现学生的语言能力、团队合作能力、创新思维能力和问题解决能力。在高校英语教学中，可以设计各种项目任务，如英语短剧表演、英文海报设计、跨文化研究项目等。学生需要围绕项目主题进行资料收集、方案设计、实施操作、成果展示等一系列活动。在项目展示过程中，学生不仅需要运用所学的语言知识进行交流和表达，还需要发挥创新思维和团队合作精神，共同完成项目任务。通过项目展示，教师可以更直观地看到学生在语言运用、团队协作、创新思维等方面的综合能力表现，从而进行更全面和准确的评估。

（四）技术与工具的应用：提升评估效率与准确性

随着教育技术的不断发展，各种评估工具和技术手段被广泛应用于英语教学中。这些工具和技术手段能够提升评估的效率和准确性，使评估过程更加科学化和智能化。例如，可以利用语音识别软件进行口语测试的自动评分，通过大数据分析学生的写作习惯和语言特征，利用在线协作平台支持学生的项目展示和团队合作等。这些技术和工具的应用不仅能够减轻教师的工作负担，提高评估的效率和准确性，还能够为学生提供更加个性化和精准化的学习反馈，帮助他们更好地认识自我、提升自我。

（五）评估结果的反馈与利用

评估的最终目的是促进学生的整体发展。因此，在评估结束后，教师应及时将评估结果反馈给学生，并引导他们合理利用评估结果进行自我反思和改进。评估结果的反馈应具体、明确且具有建设性，既要指出学生的优点和成就，也要提出具体的改进建议和方向。同时，教师还应关注学生的情感反应和心理状态，及时给予关心和支持，帮助他们建立正确的学习态度和心态。此外，评估结果还可以作为教师调整教学策略、优化教学内容的重要依据，以促进教学质量的不断提升。

三、自我评价与同伴评价

（一）自我评价：深化自我认知的桥梁

在高校英语教学中，自我评价作为一种内省机制，对于提升学生的自我认知和学习责任感具有不可估量的价值。通过自我评价，学生能够主动审视自己的学习过程、学习成果以及存在的问题，从而形成更加清晰的学习目标和计划。这一过程不仅有助于学生增强自我驱动力，还能促进他们对自己的学习方法进行反思和调整，以达到更高效的学习效果。

为实现有效的自我评价，教师可以设计一系列引导性问题或评估量表，帮助学生从多个维度进行反思。例如，学生可以评估自己在听、说、读、写、译等各项语言技能上的掌握程度，分析自己在学习策略上的优劣势，以及思考如何克服学习中的困难和挑战。同时，教师还可以鼓励学生制订个人学习计划，并定期检查其执行情况，以此作为自我评价的一部分。通过这样的实践，学生能够逐渐培养出自我监控和自我调节的能力，为终身学习奠定坚实的基础。

（二）同伴评价：促进团队协作的催化剂

同伴评价是另一种重要的评估方式，它鼓励学生之间相互评价、相互学习，从而提升学生的团队协作能力和社会交往能力。在高校英语教学中，同伴评价可以贯穿于课堂讨论、小组作业、口语练习等多个环节。通过同伴的评价，学生能够更加客观地认识到自己的优点和不足，同时也能从他人的评价中汲取有益的建议和反馈。为了确保同伴评价的有效性和公正性，教师需要制定明确的评价标准和指导原则，帮助学生理解评价的目的和方法。同时，教师还应鼓励学生以建设性的态度进行同伴评价，避免使用攻击性或贬低性的语言。在评价过程中，学生可以就学习内容、学习态度、合作能力等方面进行交流和讨论，共同促进彼此的成长和进步。

（三）融合自我评价与同伴评价：构建全面评估生态

将自我评价和同伴评价相结合，可以构建一个更加全面、多元的评估生态。在这个生态中，学生既是评估的主体也是评估的参与者，他们通过自我评价和同伴评价不断审视自己的学习状况和发展方向。同时，教师作为引导者和促进者，应为学生提供必要的支持和指导，帮助他们充分利用这两种评估方式的优势。

具体来说，教师可以通过组织小组讨论、开展同伴互评活动等方式，为学生创造更多的交流和学习机会。在评价过程中，教师应鼓励学生积极表达自己的观点和感受，同时也要尊重他人的意见和反馈。通过这样的互动和合作，学生能够更加深入地理解学习内容，提升语言技能，同时也能增强团队协作能力和社会交往能力。最终，这种全面评估生态将有助于学生实现全面发展，为未来的学习和生活奠定坚实的基础。

四、电子档案袋评估

（一）电子档案袋的构建：学习历程的数字化记录

在高校英语教学中，电子档案袋作为一种新兴的评估工具，以其全面、动态、个性化的特点，逐渐受到师生的青睐。电子档案袋的构建，实质上是对学生学习过程、学习成果及学习反思的数字化记录与整理。它打破了传统纸质档案袋的局限，利用信息技术手段，实现了学习资料的电子化存储、分类、检索与共享。通过电子档案袋，学生可以系统地整理自己的学习资料，包括课堂笔记、作业、测试、项目作品等，形成个人学习档案；同时，教师还可以根据教学需求，为学生设置特定的文件夹或标签，以便于跟踪和评估学生的学习进展。

（二）学习过程的可视化：促进自我监控与调整

电子档案袋的一个重要功能是使学习过程可视化。通过定期更新电子档案袋内容，学生可以清晰地看到自己的学习轨迹和成长变化。这种可视化不仅有助于学生自我监控学习进度，及时发现并解决学习中的问题，还能促使学生进行自我反思，明确自己的学习目标和发展方向。此外，电子档案袋还鼓励学生展示自己的学习成果和创意作品，增强学生的自信心和成就感，进一步激发其学习动力和创造力。

（三）多元评价的证据支持：全面评估学生能力

电子档案袋为全面评估学生能力提供了丰富的证据支持。它不仅关注学生的学习成绩，更重视学生在学习过程中展现出的学习态度、合作能力、创新思维等综合素养。通过查阅电子档案袋中的各类资料，教师可以更加全面地了解学生的学习情况，从而做出更加客观、准确的评价。同时，电子档案袋还支持同伴互评和教师—学生互评等多种评价方式，促进评价主体的多元化，使评价结果更加全面、公正。

（四）个性化学习的助力：满足学生差异化需求

电子档案袋的灵活性和个性化特点，使其成为满足学生差异化需求的重要工具。在构建电子档案袋的过程中，学生可以根据自己的学习兴趣、学习风格和学习目标，自主选择和组织学习材料，形成具有个人特色的学习档案。这种个性化的学习体验不仅有助于学生发挥自身优势，提高学习效率，还能培养学生的自主学习能力和终身学习习惯。此外，教师也可以根据电子档案袋中的信息，为不同学生提供个性化的学习指导和支持，促进每个学生的全面发展。

（五）持续成长的见证：连接学习与未来

电子档案袋不仅是学生学习过程的记录，更是学生持续成长的见证。随着学习时间的推移，电子档案袋中的内容将不断丰富和完善，形成一幅幅生动的成长画卷。这些珍贵的记录不仅有助于学生回顾自己的学习历程，总结经验教训，还能为他们未来的学习和职业发展提供有力的支持和参考。因此，建立和使用电子档案袋对促进大学生的全面发展具有重要意义。

五、技术与工具的应用

（一）信息技术在教学评估中的革新作用

随着信息技术的飞速发展，其在教育领域的应用日益广泛，为英语教学评估带来了前所未有的革新。在线测试系统、学习分析平台等现代化信息技术工具的出现，不仅极大地提高了评估的效率和准确性，还为学生提供了更加个性化、便捷化的学习体验。

（二）在线测试系统的优势与应用

在线测试系统作为信息技术在教学评估中的典型应用，具有诸多优势。首先，它能够突破时间和空间的限制，使学生可以随时随地进行测试，提高了评估的灵活性和便捷性。其次，在线测试系统能够自动批改客观题，并快速生成详细的成绩报告，为教师提供了即时的反馈数据，有助于他们及时了解学生的学习情况。此外，通过在线测试系统，教师还可以设计多样化的题型和难度梯度，以满足不同层次学生的需求，促进个性化学习。在高校英语教学中，教师可以利用在线测试系统定期进行词汇、语法、阅读理解等语言技能的测试。这些测试不仅可以帮助学生巩固所学知识，还能为他们提供有针对性的练习和反馈。同时，教师还可以根据测试结果调整教学策略，为后续的教学提供有力支持。

（三）学习分析平台的深度洞察

学习分析平台是另一种重要的信息技术工具，它通过对学生在学习过程中产生的数据进行深度挖掘和分析，为教师提供了更加全面、深入的学生学习画像。这些画像不仅包括学生的学习成绩、学习进度等基本信息，还涵盖了学生的学习习惯、学习风格、学习难点等深层次信息。在高校英语教学中，学习分析平台可以帮助教师更好地了解学生的学习状态和需求。通过分析学生的学习数据，教师可以发现学生在学习中的共性问题和个性差异，从而为他们提供更加精准的教学指导和支持。此外，学习分析平台还能为教师提供关于课程效果、教学资源使用等方面的反馈，有助于教师不断优化教学设计和提高教学质量。

（四）技术与工具融合下的评估新生态

将在线测试系统、学习分析平台等信息技术工具与英语教学评估相结合，可以构建出一个全新的评估生态。在这个生态中，评估不再是单一、静态的过程，而是贯穿于整个学习过程的动态、多维度的活动。通过信息技术工具的辅助，教师可以更加全面、准确地了解学生的学习情况和发展趋势，为他们提供更加个性化、精准化的教学支持。同时，学生也能在更加便捷、高效的学习环境中不断提升自己的语言能力和综合素质。

现代化信息技术和工具在教学评估中的应用为高校英语教学带来了深刻的变革。通过充分利用这些工具的优势，我们可以构建出一个更加科学、高效、个性化的评估体系，为学生的学习和发展提供更加有力的保障。

第四节 评估结果的反馈与应用

一、即时反馈机制

（一）反馈的时效性：确保信息即时传达

在高校英语教学中，建立即时反馈机制的首要任务是确保反馈的时效性。这意味着教师应在教学过程中密切关注学生的学习状态，对于学生的学习表现、作业完成情况、课堂参与度等，要能够迅速且准确地给予反馈。及时的反馈能够让学生及时了解自己的学习进展，明确自己的学习成效，从而即时调整学习策略，避免问题的累积和错误的固化。同时，它也能让学生感受到教师的关注和重视，激发他们学习的动力，从而提高他们的学习积极性。

（二）反馈的具体性：指明问题，引导改进

反馈的具体性是确保反馈有效性的关键。在高校英语教学中，教师应避免使用模糊、笼统的反馈语言，而应尽可能具体地指出学生在学习过程中存在的问题和不足。这包括语言知识的掌握情况、语言技能的运用水平、学习策略的有效性等方面。具体的反馈能够帮助学生清晰地认识到自己的问题所在，明确改进的方向和目标。同时，教师还应提供具体的改进建议和指导，帮助学生制订切实可行的学习计划，促进他们的学习进步。

（三）反馈的个性化：尊重学生差异，促进全面发展

每个学生都是独一无二的个体，他们在英语学习中的表现和需求也各不相同。因此，在建立即时反馈机制时，教师应充分考虑学生的个体差异，提供个性化的反馈。这包括根据学生的兴趣、能力、学习风格等因素，为他们量身定制反馈内容和方式。个性化的反馈能够让学生感受到教师的尊重和关注，激发他们的学习热情和动力。同时，它还能帮助学生发现自己的潜力和优势，促进他们的全面发展。

（四）反馈的双向性：鼓励学生参与，促进师生互动

反馈不仅仅是教师对学生的单向评价和指导，更应是师生之间的双向交流和互动。在高校英语教学中，教师应鼓励学生积极参与反馈过程，表达自己的观点和感受。这可以通过课堂讨论、作业评语、在线交流平台等多种方式实现。双向的反馈能够增进师生之间的理解和信任，促进教学相长。同时，它还能让学生更加主动地参与学习，提高他们的学习主动性和自我反思能力。

（五）反馈的持续性：关注学习全过程，促进学习持续发展

学习是一个持续不断的过程，反馈也应贯穿于学习的全过程之中。在高校英语教学中，教师应建立持续性的反馈机制，关注学生的学习进展和变化。这包括在课前、课中和课后等不同阶段为学生提供即时的反馈和指导。持续性的反馈能够让学生始终保持对学习的关注和热情，不断调整和优化自己的学习策略和方法。同时，它还能帮助教师全面了解学生的学习情况和发展需求，为他们提供更加精准和有效的教学支持。

二、个性化学习建议

（一）评估结果深度解析与个性化需求识别

在高校英语教学中，评估结果的深度解析是提供个性化学习建议的前提。通过综合量化评估与质性评估的数据，教师可以全面了解学生在语言技能、学习策略、学习态度等方面的表现，进而识别出每位学生的个性化学习需求。这一过程要求教师具备敏锐的洞察力和深厚的专业素养，能够准确解读评估结果背后的含义，并据此为学生量身定制学习方案。

（二）个性化学习建议的制定原则

制定个性化学习建议时，应遵循以下原则：一是针对性原则，即针对学生的具体问题和需求提出切实可行的建议。二是可操作性原则，建议应具体、明确，便于学生理解和执行。三是激励性原则，通过肯定学生的努力和成就，激发学生的学习动力和自信心。四是坚持动态调整原则，根据学生的学习进展和反馈，及时调整学习建议，确保其始终符合学生的实际需求。

（三）学习资源的多元化推荐

为了支持学生的个性化学习，教师需要为学生提供多元化的学习资源。这些资源可以包括在线课程、学习软件、阅读材料、听力练习、口语伙伴等。在推荐学习资源时，教师应考虑学生的语言水平、学习风格、兴趣爱好等因素，确保资源与学生的实际需求相匹配。同时，教师还可以引导学生利用网络资源进行自主学习，培养他们的信息检索和批判性思维能力。

（四）学习策略的个性化指导

学习策略是影响学生学习效果的关键因素之一。在高校英语教学中，教师应根据学生的个性化需求，为他们提供学习策略的个性化指导。例如，对于词汇记忆困难的学生，教师可以推荐联想记忆法、词根词缀法等有效的记忆策略；对于听力理解不足的学生，教师可以教授他们如何通过预测、抓关键词等方法提高听力理解能力。此外，教师还可以引导学生制订合理的学习计划，培养他们的时间管理和自我监控能力。

（五）促进学习社区的互动与共享

个性化学习并不意味着孤立学习。相反，通过促进学习社区的互动与共享，学生可以更好地发挥自己的优势，弥补自己的不足。教师可以组织学习小组、讨论会等活动，鼓励学生之间的交流与合作。在这些活动中，学生可以分享自己的学习经验、资源和策略，相互启发和帮助。同时，教师还可以利用社交媒体等平台，建立线上学习社区，为学生提供更加便捷的交流渠道和资源共享平台。

（六）持续跟踪与反馈机制

个性化学习建议的实施需要持续跟踪与反馈机制的支持。教师应定期与学生沟通，了解他们的学习进展和遇到的问题，并根据反馈结果及时调整学习建议和资源推荐。同时，教师还应鼓励学生进行自我反思和评估，培养他们的自主学习能力和自我调整能力。通过持续跟踪与反馈机制，教师可以确保个性化学习建议的有效实施，并不断优化和完善自己的教学方法。

三、教学改进依据

（一）评估结果的深度剖析：洞察教学现状与瓶颈

在高校英语教学中，评估结果不仅是学生学习成效的反映，更是教师审视自我教学、发现教学问题的重要途径。深入剖析评估结果，教师能够清晰地看到当前教学方法的优势与不足，识别出学生在学习过程中遇到的难点与瓶颈。这一过程要求教师具备敏锐的观察力和深刻的洞察力，能够透过数据表面，洞察到教学背后的深层次原因，为后续的教学改进提供有力的依据。

（二）教学方法的灵活调整：因材施教，提升效果

基于评估结果的深度剖析，教师应灵活调整教学方法，以适应学生的学习需求和个体差异。针对不同层次、不同特点的学生，教师可以采取差异化的教学策略，如分层教学、小组合作学习、任务型教学等，以激发学生的学习兴趣，提高他们的学习积极性和参与度。同时，教师还应关注教学过程中的反馈与互动，及时调整教学内容和节奏，确保教学活动的高效与有序进行。

（三）教学策略的创新实践：融合技术，拓宽路径

随着信息技术的快速发展，多媒体、网络、人工智能等技术在教育领域的应用日益广泛。教师应积极拥抱新技术，将其融入英语教学中，创新教学策略，拓宽教学路径。例如，利用在线学习平台提供丰富的学习资源，支持学生的自主学习和个性化学习；运用智能教学系统分析学生的学习数

据，为教师提供精准的教学建议；通过虚拟现实、增强现实等技术创造沉浸式学习环境，提升学生的学习体验和效果。

（四）教学资源的优化配置：整合资源，强化支撑

教学资源的优化配置是提升教学质量的重要保障。教师应根据教学需求和评估结果，合理整合和优化教学资源，包括教材、教辅材料、多媒体资源、网络资源等。通过精心筛选和整合教学资源，教师可以为学生提供更加丰富、多样、实用的学习材料，满足他们的学习需求。同时，教师还应注重教学资源的更新与补充，确保教学内容的时效性和前沿性。

（五）教学评价的多元化构建：全面评估，促进发展

教学评价是教学改进的重要环节。为了全面、客观地评估学生的学习成效和教师的教学质量，教师应构建多元化的教学评价体系。这包括形成性评价与终结性评价相结合、定量评价与定性评价相结合、教师评价与学生自评互评相结合等多种评价方式。通过多元化的教学评价，教师可以更加全面、深入地了解学生的学习情况和教师的教学效果，为教学改进提供更加全面、准确的依据。同时，多元化的教学评价还能促进学生的全面发展，培养他们的自我评价和反思能力。

（六）持续反思与自我提升：教师专业成长的必经之路

教学改进是一个持续不断的过程。教师应保持开放的心态和积极的态度，不断反思自己的教学实践和教学效果，总结经验教训，寻找改进的空间和方向。同时，教师还应积极参加各种培训和交流活动，提升自己的专

业素养和教学能力。通过持续反思与自我提升，教师可以不断完善自己的教学方法和策略，提高教学质量和效果，为学生的英语学习提供更加优质的教学服务。

四、激励机制建设

（一）评估结果作为激励基础

在高校英语教学中，评估结果不仅是了解学生学习状况的重要依据，也是建立激励机制的基石。通过科学、全面的评估体系，我们可以清晰地看到每位学生在语言技能、学习态度、参与度等方面的表现。这些评估结果不仅反映了学生的学习成果，也为我们识别优秀学生、理解学生需求提供了宝贵信息。因此，将评估结果作为激励的出发点，能够确保激励机制的公正性、针对性和有效性。

（二）多样化激励方式设计

为了激发学生的学习积极性和竞争意识，我们需要设计多样化的激励方式。这些方式可以包括物质奖励、精神表彰、提供学习机会等多个方面。例如，对于在评估中表现突出的学生，我们可以颁发奖学金、学习用品等物质奖励，以肯定他们的努力和成就；同时，我们也可以通过颁发荣誉证书，在班级或学院范围内进行公开表彰等方式，满足学生的精神需求，增强他们的荣誉感和归属感。此外，我们还可以为优秀学生提供更多的学习机会，如参加国际交流项目、参加高级语言课程等，以拓宽他们的视野，提升他们的语言水平。

（三）激励机制的层次性构建

为了确保激励机制能够覆盖到不同层次的学生，我们需要构建具有层次性的激励机制。这包括设立不同等级的奖项、制定差异化的奖励标准等。例如，我们可以根据评估结果将学生分为不同等级，为每个等级设定相应的奖励标准。这样，无论学生处于哪个层次，都能通过努力获得相应的奖励和认可。同时，这种层次性的构建也有助于形成良好的竞争氛围，促使学生之间相互学习、相互追赶。

（四）激励机制的灵活调整与优化

激励机制并非一成不变，而是需要根据实际情况进行灵活调整和优化。这包括根据学生的学习进展和反馈调整奖励标准、根据教学目标的变化更新激励方式等。例如，当发现某些激励方式对学生失去吸引力时，我们可以及时进行调整，引入新的激励方式以激发学生的兴趣和动力。同时，我们还需要关注学生的学习体验和心理变化，确保激励机制能够真正起到促进学习的作用。

（五）激励机制与评估体系的紧密结合

为了确保激励机制的有效性，我们需要将其与评估体系紧密结合起来。这包括将评估结果作为激励的依据，将激励机制融入评估过程等。例如，在评估过程中，我们可以设立一些奖励性任务或挑战性项目，鼓励学生积极参与并争取好成绩。这样，学生不仅能够通过评估了解自己的学习状况，还能通过完成任务或挑战项目获得奖励和认可。这种将评估与激励相结合的方式有助于激发学生的学习积极性和主动性，提高他们的学习效果和满意度。

（六）营造积极向上的学习氛围

我们需要通过激励机制的建设来营造积极向上的学习氛围。这包括鼓励学生树立正确的学习观念、培养学生的自主学习能力和团队合作精神等。通过表彰优秀学生、分享学习经验等方式，我们可以激发学生的竞争意识和进取精神；同时，通过组织学习小组、开展合作学习等活动，我们可以培养学生的团队合作精神和沟通能力。这些措施都有助于营造一个积极向上、互帮互助的学习氛围，促进全体学生的共同进步和发展。

五、家校合作平台

（一）平台构建：打破壁垒，促进信息流通

在英语教育的广阔舞台上，家校合作平台的搭建是连接学校与家庭的重要桥梁。这一平台旨在打破传统沟通壁垒，实现评估结果、教学动态、学生表现等信息的即时共享。通过构建便捷、高效的家校沟通渠道，家长能够第一时间获取孩子在校的学习情况，而学校也能及时了解家庭对学生英语学习的支持与期望，从而为双方共同关注学生的成长和发展奠定了坚实的基础。

（二）评估结果共享：透明公开，增进理解

评估结果是反映学生学习成效的重要指标，也是家校合作的重要参考依据。在家校合作平台上，学校应定期向家长分享学生的英语学习评估结果，

包括考试成绩、作业完成情况、课堂参与度等多方面的信息。这种透明公开的评估结果共享方式，有助于家长更全面地了解孩子的学习状态，发现潜在问题，同时也能够增进家长对学校教育工作的理解和支持。

（三）教学动态交流：增进互动，共谋发展

教学动态是家校合作平台上的重要内容之一。学校可以通过平台发布最新的教学计划、教学进度、教学亮点等信息，让家长了解学校的教学动态和改革方向。同时，家长也可以通过平台反馈意见和建议，与学校共同探讨如何更好地促进学生的英语学习。这种双向的教学动态交流机制，有助于增进家校之间的互动与合作，共同为学生的英语学习创造更加有利的环境和条件。

（四）个性化辅导支持：家校携手，制订成长方案

每个学生的英语学习需求和特点都不尽相同。在家校合作平台上，学校可以根据学生的评估结果和学习表现，与家长共同制订个性化的辅导方案和支持计划。这种定制化的成长方案能够针对学生的具体情况进行精准施策，帮助学生克服学习困难，发挥自身优势，实现个性化发展。同时，家长也可以在家校合作平台上获取专业的教育资源和指导建议，为孩子的英语学习提供更加有力的支持。

（五）共育理念传播：凝聚共识，形成合力

家校合作不仅仅是信息的共享和资源的整合，更是教育理念的传播和共识的凝聚。在家校合作平台上，学校应积极传播先进的共育理念和方法，

引导家长树立正确的教育观念和价值观。同时，学校还应鼓励家长参与学校的各项活动和教育决策过程，让家长成为学校教育的有力支持者和参与者。通过家校双方的共同努力和协作配合，形成强大的教育合力，共同促进学生的全面发展和成长进步。

第五节　教学评估体系的创新实践

一、评估体系设计创新

（一）传统评估框架的局限性分析

在探讨新型评估体系的设计之前，有必要对传统评估框架的局限性进行深入分析。传统评估体系往往侧重于对学生语言知识点的掌握情况进行量化考核，如词汇量、语法规则、阅读理解能力等，这种单一维度的评估方式难以全面反映学生的实际语言运用能力和综合素质。此外，传统评估体系往往忽视了学生的学习过程、学习态度、学习策略等非智力因素的评价，导致评估结果具有一定的片面性和局限性。

（二）新型评估体系的设计理念

针对传统评估框架的局限性，新型评估体系的设计应秉持以下理念：一是多元化，即评估内容应涵盖语言知识、语言技能、学习策略、学习态度等多个方面，以全面反映学生的语言能力和综合素质。二是过程性，即注重对学生学习过程的评估，关注学生在学习过程中的表现、进步和反思，以促进学生自主学习和持续发展。三是情境性，即评估应贴近实际语言使用情境，考查学生在真实或模拟情境中的语言运用能力。四是反馈性，即评估结果应及时、准确地反馈给学生和教师，以便他们根据反馈调整学习策略和教学计划。

（三）评估内容的多元化构建

新型评估体系在内容上应实现多元化构建。首先，应继续保留对语言知识点的考核，但应更加注重知识点的应用性和实践性。其次，应增加对学生语言技能的评估，包括听、说、读、写、译等各个方面，特别是听说能力的培养，以适应全球化交流的需求。最后，还应重视对学生学习策略和学习态度的评估，学校通过问卷调查、学习日志、同伴评价等方式收集相关信息，了解学生的学习习惯、学习动力和学习困难等。

（四）过程性评估的实施策略

过程性评估是新型评估体系的重要组成部分。为了有效实施过程性评估，可以采取以下策略：一是建立学习档案袋，记录学生在学习过程中的作品、反思、作业、测试等成果，以便全面了解学生的学习轨迹和进步情况。二是开展课堂观察，通过观察学生在课堂上的表现，了解他们的学习态度、参与度和合作能力。三是实施同伴评价和自我评价，鼓励学生之间相互评价和自我反思，培养他们的批判性思维和自我管理能力。

（五）情境性评估的创设方法

情境性评估是考查学生语言运用能力的重要手段。为了创设有效的情境性评估环境，可以采取以下方法：一是利用多媒体技术模拟真实或虚拟的语言使用情境，如通过视频、音频、图片等素材创设对话、演讲、讨论等场景。二是组织实践活动，如英语角、演讲比赛、翻译实践等，让学生在实践中运用语言。三是开展项目式学习，让学生通过完成具体项目来综合运用语言知识和技能。

（六）评估反馈的及时性与有效性

评估反馈的及时性和有效性对于促进学生发展至关重要。为了确保评估反馈的及时性和有效性，可以采取以下措施：一是建立快速反馈机制，确保评估结果能够迅速传达给学生和教师。二是提供具体的、建设性的反馈意见，帮助学生明确自己的优点和不足，制订改进计划。三是鼓励师生共同参与反馈过程,促进师生之间的沟通和理解,共同推动学生的学习进步。

新型评估体系的设计应突破传统框架的局限性，注重多元化、过程性、情境性和反馈性的构建。通过科学、合理的评估体系设计，我们可以更全面地了解学生的学习状况和发展需求，为他们的个性化学习和全面发展提供有力支持。

二、跨学科评估模式

（一）跨学科评估的必要性：培养复合型人才的需求

在全球化和信息化的时代背景下，单一领域的知识和技能已难以满足社会对人才的需求。高校英语教学作为高等教育的重要组成部分，其目标不仅在于提升学生的语言能力，更在于培养他们的跨文化交际能力、批判性思维能力以及综合应用能力。因此，探索跨学科评估模式，将英语教学与其他学科相结合，成为培养复合型人才的重要途径。这种模式能够促使学生将英语知识与其他学科知识相互渗透、融合，从而在解决实际问题中展现出更高的综合能力和创新能力。

（二）评估内容的多元化：融合多领域知识

跨学科评估模式的核心在于评估内容的多元化。在高校英语教学中，除了传统的语言技能评估外，还应融入其他学科的知识和技能评估。例如，在医学英语课程中，可以结合医学专业知识，评估学生对医学术语的理解和运用能力；在法律英语课程中，可以融合法律案例分析，评估学生的法律思维能力和法律文书的写作能力。这种多元化的评估内容不仅能够全面反映学生的英语水平，还能够考查他们的跨学科知识掌握情况和应用能力。

（三）评估方法的创新：多维度、多层次的评估体系

跨学科评估模式要求评估方法的创新。传统的评估方法往往侧重于单一的语言技能测试，难以全面反映学生的综合能力和应用能力。因此，需要构建多维度、多层次的评估体系。这包括课堂观察、小组讨论、项目报告、口头汇报等多种评估方式。通过这些方式，可以全面考查学生的语言能力、思维能力、团队协作能力、问题解决能力等多个方面。同时，还可以引入自我评价和同伴评价等多元化评价主体，使评估结果更加客观、全面。

（四）促进学科间的融合与交流：搭建跨学科交流平台

跨学科评估模式的实施需要学科间的紧密合作与交流。学校应搭建跨学科交流平台，促进不同学科教师之间的沟通和合作。通过组织跨学科研

讨会、工作坊等活动，教师可以分享教学经验、探讨教学难点、共同设计跨学科评估方案。这种跨学科的交流与合作不仅能够提升教师的教学水平，还能够促进学生的全面发展。同时，跨学科交流平台的搭建还能够推动学校整体教学质量的提升和学科建设的发展。

（五）挑战与应对：加强师资培训，完善评估机制

跨学科评估模式的实施面临诸多挑战，如师资力量的不足、评估机制的不完善等。为了应对这些挑战，学校应加强师资培训，提升教师的跨学科素养和教学能力。通过组织专业培训、鼓励教师参与跨学科研究等方式，培养一支具备跨学科教学能力的教师队伍。同时，学校还应完善评估机制，确保跨学科评估的公正性、客观性和有效性。这包括制定科学的评估标准、建立有效的评估反馈机制等。通过不断完善评估机制，可以推动跨学科评估模式的深入实施和持续发展。

三、持续评估与动态调整

（一）持续评估的重要性阐述

在高校英语教学中，持续评估作为教学质量监控与提升的关键环节，其重要性不言而喻。持续评估不仅是对学生学习成果的定期审视，更是对教学过程的全面反思与调整。它要求教育者在教学过程中保持高度的敏感性和灵活性，能够及时发现并应对学生在学习过程中出现的问题与挑战。通过持续评估，我们可以确保评估结果的时效性和准确性，为教学决策提供有力的数据支持。

（二）持续评估策略的实施路径

实施持续评估策略，需要明确其具体的实施路径。首先，应建立定期评估机制，如每学期进行中期评估和期末评估，以及不定期的随堂测试和小测验。这些评估活动应贯穿整个教学过程，确保对学生学习状况的连续追踪。其次，应鼓励多元化评估方式的应用，如作业分析、课堂观察、同伴评价、自我反思等，以获取更全面、更真实的评估信息。同时，应充分利用现代信息技术手段，如在线学习平台、智能评估系统等，提高评估的效率和准确性。

（三）评估内容的动态调整原则

评估内容的动态调整是持续评估策略的核心之一。它要求教育者根据评估结果和教学实际，灵活调整评估的侧重点和难度。具体来说，应遵循以下原则：一是针对性原则，即评估内容应紧密围绕教学目标和学生需求，确保评估的有效性和针对性。二是适应性原则，即评估内容应随着教学进程的推进和学生能力的变化而适时调整，避免过度超前或滞后。三是发展性原则，即评估内容应关注学生的长远发展，注重培养其批判性思维、创新能力等综合素养。

（四）评估方式的创新与优化

评估方式的创新与优化是持续评估策略的另一个重要方面。传统的评估方式往往以纸笔测试为主，难以全面反映学生的语言运用能力和综合素质。因此，应积极探索和应用新的评估方式。例如，可以采用项目式学习评估法，让学生在完成具体项目的过程中展示其语言能力和团队协作能力；也可以采用表现性评价法，通过观察学生在课堂内外的表现来评估其学习态度、参与度和创新能力。此外，还可以利用大数据和人工智能技术，对学生的学习数据进行深度挖掘和分析，为个性化评估和精准教学提供有力支持。

（五）评估结果的反馈与应用

评估结果的反馈与应用是持续评估策略的最终落脚点。评估结果不仅是对学生学习成果的总结和评价，更是指导后续教学的重要依据。因此，应及时、准确地将评估结果反馈给学生和教师，帮助他们了解自身的优势和不足，明确改进的方向和目标。同时，应充分利用评估结果来指导教学决策和资源配置，优化教学内容和方法，提高教学效果和质量。此外，还应鼓励学生积极参与评估结果的讨论和分析，培养他们的自我反思能力和批判性思维能力。

（六）持续评估与动态调整的循环机制

持续评估与动态调整是一个循环往复、不断优化的过程。在这个过程中，教育者应始终保持对教学的敏锐洞察力和创新精神，不断探索和实践新的评估策略和方法。同时，应建立健全的教学反馈机制和信息交流渠道，确保评估结果能够及时、准确地传达给所有相关人员。通过持续的评估与动态调整，我们可以不断适应教学环境的变化和学生需求的变化，推动高校英语教学质量的持续提升。

四、国际合作与交流

（一）拓宽国际视野，把握评估前沿

在全球教育一体化的浪潮中，加强与国际教育机构的合作与交流，对于提升我国英语教学的评估体系具有不可估量的价值。这一举措旨在拓宽我们的国际视野，使我们能够紧跟国际评估领域的发展步伐，及时把握评估理念、方法和技术的最新动态。通过与国际同行的深入对话与合作，我们可以汲取他们的宝贵经验，借鉴其先进的评估模式和工具，为我国的英语评估体系注入新的活力。

（二）引进先进评估理念，促进本土化融合

国际合作与交流不仅是简单的“拿来主义”，更重要的是在引进先进评估理念的基础上，结合我国英语教学的实际情况，进行本土化的融合与创新。我们应当深入分析国外评估理念的内涵与特点，明确其在我国教育环境中的适用性和局限性。在此基础上，通过反复的实践与探索，逐步构建出一套既符合国际潮流又适应我国国情的英语评估体系。这一体系既能够全面、客观地反映学生的英语水平，同时又能有效指导教学改进和学生个性化发展。

（三）共享评估资源，提升评估效率与质量

国际合作与交流为评估资源的共享提供了广阔的平台。通过与国际教育机构的紧密合作，我们可以共同开发评估工具、建设评估数据库、分享评估案例等，从而实现评估资源的优化配置和高效利用。这些资源的共享

不仅能够减轻评估工作的负担，提高评估效率，还能够丰富评估内容，提升评估结果的科学性和可靠性。同时，通过与国际同行的交流与合作，我们还可以及时发现和解决评估过程中存在的问题，不断完善评估体系，提升评估质量。

（四）推动评估体系创新，培养国际化人才

加强国际合作与交流，对于推动我国英语评估体系的创新具有重要意义。通过与国际先进评估理念的碰撞与融合，我们可以激发评估体系的创新活力，推动评估方法、技术和手段的不断革新。这种创新不仅能够提升评估的科学性和有效性，还能够更好地满足社会对国际化人才的需求。在全球化背景下，具备国际视野、跨文化沟通能力和综合应用能力的英语人才成为市场的热门需求。通过与国际教育机构的深度合作与交流，我们可以培养出更多符合国际标准的高素质英语人才，为我国的经济社会发展和国际交流贡献力量。

（五）构建长效合作机制，深化交流合作内涵

为了确保国际合作与交流的持续性和深入性，我们需要构建长效的合作机制。这包括定期举办国际学术会议、建立联合研究中心、开展教师互访和学生交流项目等。通过这些机制的建设和实施，我们可以为国际教育合作与交流提供更加稳定和有力的保障。同时，我们还应注重深化交流合作的内涵，加强在评估理念、教学方法、课程设置等方面的深入探讨与合作。通过不断深化交流合作内涵，我们可以实现与国际教育同行的共同进步和发展。

五、评估文化培育

（一）评估文化的核心价值

在高校英语教学中，评估文化作为教学环境的重要组成部分，其核心价值在于促进公正、客观、科学的评估实践，为师生提供一个共同成长和发展的平台。这种文化强调评估不仅是对学生学习成果的检验，更是对教学过程的反思与改进，是推动教学质量持续提升的重要驱动力。

（二）公正评估的基石构建

公正性是评估文化的基石。要营造积极向上的评估文化，必须确保评估过程的公正性。这要求评估标准明确、一致，评估程序公开、透明，评估结果客观、准确。教育者应秉持公正原则，避免个人偏见和主观臆断对评估结果的影响。同时，应鼓励学生参与评估标准的制定和评估过程的监督，增强评估的民主性和公信力。

（三）客观评估的实践路径

客观性是评估文化的另一重要特征。要实现客观评估，需从多个维度收集评估信息，采用多元化的评估方式，确保评估结果能够全面、真实地反映学生的学习状况和教学效果。教育者应运用科学的评估工具和方法，如量化分析、质性研究等，对评估数据进行深入分析，挖掘其背后的教育意义和价值。此外，还应注重评估结果的解释和反馈，帮助学生和教师准确理解评估结果，明确改进方向。

（四）科学评估的理念引导

科学性是评估文化的灵魂。要培育科学评估的理念，需加强对评估理论的学习和研究，掌握评估的基本原理和方法。教育者应关注评估领域的前沿动态，积极引入先进的评估理念和技术手段，提升评估的科学性和有效性。同时，应加强对学生的评估素养教育，引导他们树立正确的评估观念，学会自我评估和同伴评估，培养批判性思维和自我反思能力。

（五）评估文化的氛围营造

评估文化的氛围营造是一个系统工程，需要教育者、学生和管理者等多方面的共同努力。教育者应通过自己的言行举止，传递出公正、客观、科学的评估态度和方法，为学生树立榜样。学校应建立健全的评估制度和机制，为评估文化的培育提供有力保障。同时，还应加强师生之间的沟通和交流，建立和谐的师生关系，为评估文化的传播和深化创造良好的环境。

（六）评估文化的持续发展与优化

评估文化不是一成不变的，而是随着教学环境和教育理念的变化而不断发展变化的。因此，我们需要保持对评估文化的持续关注和思考，不断探索和实践新的评估理念和方法。同时，还应加强对评估文化效果的评估和反馈，及时发现问题和不足，并采取相应的措施进行改进和优化。通过持续发展与优化评估文化，我们可以不断推动高校英语教学的创新和发展，为师生的共同成长和发展创造更加有利的环境和条件。

第五章　教师发展与专业成长

第一节　教师角色的转变与定位

一、从传统讲授者到引导者

（一）教育理念的重塑：以学生为中心

在英语教育的广阔舞台上，教师的角色正经历着前所未有的变革。这一变革的核心在于教育理念的深刻重塑，即从传统的以教师为中心的教学模式转变为以学生为中心的学习模式。这意味着，教师不再仅仅是知识的灌输者，而是学生学习生涯中的引导者和促进者。他们需要深刻理解每个学生的独特需求和学习风格，为其量身定制学习路径，激发学生的内在学习动力，培养其自主学习和终身学习的能力。

（二）教学方法的革新：多样化与个性化

为了有效实施以学生为中心的教学理念，高校英语教师必须不断探索和实践多样化的教学方法。这包括但不限于情境教学、合作学习、项目式学习等，这些方法能够为学生提供更加丰富、真实的学习体验，促进他们在实践中运用英语进行交流和思考。同时，教师还需关注学生的个性化差异，通过差异化教学策略满足不同层次、不同兴趣学生的学习需求，确保每位学生都能在适合自己的节奏和方式下获得成长。

（三）学习资源的整合与优化：构建开放学习生态

在信息化时代，教师应具备整合和优化学习资源的能力。他们应充分利用互联网、多媒体等现代信息技术手段，为学生搭建一个开放、互动的学习平台。这个平台不仅要包含传统的教材、教辅资料，还应涵盖丰富的在线课程、学术资源、文化素材等，以满足学生多元化的学习需求。同时，教师还应引导学生学会如何筛选、整合和利用这些资源，培养其信息素养和自主学习能力。

（四）学习过程的陪伴与支持：建立信任与尊重的师生关系

作为学生学习过程的引导者和促进者，高校英语教师还需在学习过程中给予学生充分的陪伴与支持。这要求教师建立一种基于信任与尊重的师生关系，倾听学生的想法和困惑，给予他们及时的反馈和鼓励。当学生遇到学习困难时，教师应成为他们的伙伴和顾问，提供必要的指导和帮助；当学生取得进步时，教师应给予充分的肯定和表扬，激发他们的学习热情和自信心。

（五）自我反思与专业成长：持续学习与提升

在转变角色的过程中，高校英语教师还需不断进行自我反思和专业成长。他们应关注教育领域的最新动态和研究成果，不断更新自己的教育理念和教学方法；同时，教师还应积极参与各种专业发展活动，如教学研讨会、工作坊、学术论坛等，与同行交流经验、分享心得。通过这些方式，教师可以不断提升自己的专业素养和教学能力，为更好地履行引导者和促进者的角色奠定坚实基础。

二、学习伙伴与共同探索者

（一）教师角色转变：从传授者到伙伴

在高校英语教学的语境下，教师的角色正经历着深刻的转变。传统上，教师常被视为知识的传递者，其职责在于将既定的语言知识和技能传授给学生。然而，随着教育理念的更新和教学模式的变革，教师更应成为学生学习过程中的伙伴，与学生携手共进，共同探索知识的奥秘。这一转变要求教师放下权威的身份，以更加开放和平的心态，与学生建立基于相互尊重和理解的新型师生关系。

（二）共同探索：激发学习兴趣与动力的源泉

当教师成为学生的学习伙伴时，教学过程便不再是单向的知识灌输，而是双向的、互动的探索之旅。在这样的氛围中，教师鼓励学生提出问题、质疑假设、尝试创新，引导学生通过自己的努力去寻找答案、解决问题。这种共同探索的过程不仅能够极大地激发学生的学习兴趣和动力，还能培养学生的自主学习能力、批判性思维和创新能力。同时，它也为学生提供了展示自我、表达观点的机会，有助于增强学生的自信心和成就感。

（三）促进教师专业成长：与学生共舞的旅程

与学生共同探索知识的过程，也是教师专业成长的重要途径。在与学生互动的过程中，教师需要不断反思自己的教学实践，思考如何更好地满足学生的需求、激发学生的兴趣、提升学生的能力。这种反思促使教师不断学习新知识、新技能，拓宽自己的视野和思维方式。同时，学生的反馈和建议也是教师改进教学的重要参考。通过与学生的交流和互动，教师可以更加清晰地认识到自己的优点和不足，从而有针对性地提升自己的专业素养和教学能力。

（四）构建学习社群：增强团队协作与分享精神

在共同探索的过程中，教师可以引导学生组建学习社群或学习小组。这些社群或小组不仅为学生提供了一个相互学习、相互帮助的平台，也为教师提供了观察学生行为、了解学生需求的机会。通过学习社群的构建，学生可以学会如何与他人合作、如何分享自己的知识和经验、如何倾听他人的意见和建议。这种团队协作和分享精神的培养不仅有助于学生个人能力的提升，也有助于他们更好地适应未来的社会和工作环境。同时，教师也可以从中汲取灵感和动力，进一步丰富自己的教学方法和手段。

（五）营造积极向上的学习氛围：师生共同成长的沃土

当教师成为学生学习过程中的伙伴，并与学生共同探索知识时，整个课堂乃至整个学习环境都会变得更加积极向上、充满活力。在这种氛围中，学生会更加主动地参与学习，更加自信地表达自己的观点和想法；而教师也会更加热爱自己的职业和事业，更加努力投入教学工作。这种师生共同成长的沃土将不断孕育出新的教学成果和教育奇迹。

三、评估与反馈的提供者

（一）评估的多维度与全面性

在高校英语教学中，教师作为评估与反馈的提供者，需确保评估过程的多维度与全面性。这意味着评估不仅应关注学生对语言知识的掌握程度，如词汇量、语法准确性等，还应重视其语言运用能力、批判性思维、跨文化交际能力等多方面的表现。通过设计多样化的评估任务，如口头报告、书面作业、小组讨论、角色扮演等，教师可以全面了解学生的学习状态和学习成效，为后续的教学调整和个性化指导提供依据。

（二）及时反馈的重要性

及时的反馈是促进学生学习的关键。当学生完成学习任务后，教师应尽快给予反馈，以便学生及时了解自己的学习成果和存在的问题。这种反馈应当是具体而明确的，能够指出学生的优点和需要改进的地方，并提供建设性的建议。通过及时的反馈，学生可以调整学习策略，弥补知识漏洞，从而取得更好的学习成效。

（三）反馈的个性化与差异化

每个学生的学习风格和需求都是独特的，因此，教师在提供反馈时也应注重个性化和差异化。这意味着教师需要针对每位学生的具体情况，给予针对性的指导和建议。例如，对于口语表达能力较弱的学生，教师可以重点强调发音、语调等方面的改进；对于写作能力有待提高的学生，则可以针对文章结构、论点论据等方面给出具体的修改意见。通过个性化的反馈，教师可以更好地满足学生的学习需求，促进其全面发展。

（四）评估与反馈的循环机制

评估与反馈不应是孤立的教学环节，而应形成一个循环机制。在这个机制中，教师根据评估结果提供反馈，学生根据反馈调整学习策略，然后教师再根据学生的改进情况重新进行评估和反馈。这种循环往复的过程能够促使学生不断反思自己的学习行为，明确学习目标，逐步提高自己的学习成效。同时，教师也可以通过这个过程不断反思自己的教学方法和评估策略，提高教学质量。

（五）技术辅助下的评估与反馈

随着信息技术的发展，越来越多的教育技术被应用于高校英语教学中，这些技术为评估与反馈提供了更加便捷和高效的方式。例如，利用在线测试系统可以自动收集和分析学生的答题数据，为教师提供实时的评估报告；利用学习管理系统可以跟踪学生的学习进度和表现，为教师提供个性化的反馈建议。此外，一些智能教学平台还能根据学生的学习数据自动生成个性化的学习路径和资源推荐，进一步促进学生的个性化学习。因此，高校英语教师应积极学习和掌握这些教育技术，利用其优势提高评估与反馈的效率和质量。

四、教学资源的整合者

（一）教学资源整合的意义与价值

在高校英语教学的广阔舞台上，教师作为教学资源的整合者，其角色至关重要。教学资源的丰富性和多样性直接影响到学生的学习体验和效果，而教师则扮演着将这些资源巧妙融合、创新利用的关键角色。通过整合各类教学资源，教师不仅能够为学生提供更加全面、深入的学习内容，还能激发学生的学习兴趣，拓宽其视野，培养其综合语言运用能力。这一过程不仅促进了学生的全面发展，也推动了教师的专业成长和教学能力的提升。

（二）教学资源的多元化探索

教学资源的整合要求教师具备敏锐的洞察力和广泛的知识面。教师应积极关注国内外教育动态，了解最新的教学理念和技术手段，不断收集和整理各类教学资源。这些资源包括但不限于传统的教材、教辅资料，还包括现代化的网络课程、在线学习平台、多媒体教学资源库等。此外，教师还应关注社会文化、时事热点等与学生生活紧密相关的内容，将其融入教学之中，使英语学习更加贴近实际、贴近生活。

（三）资源整合的策略与实践

在整合教学资源的过程中，教师需要运用一定的策略和方法。首先，教师应根据教学目标和学生需求，对各类教学资源进行筛选和分类，确保教学资源具有针对性和适用性。其次，教师应注重资源的互补性和协同性，将不同来源、不同类型的资源有机融合，形成具有特色的教学方案。再次，教师还应注重资源的更新和迭代，及时淘汰过时、陈旧的内容，引入新颖、前沿的知识和信息。最后，教师还应鼓励学生参与教学资源的收集和整理工作，培养学生的自主学习能力和团队协作能力。

（四）技术工具在资源整合中的应用

随着信息技术的飞速发展，各种教学技术工具应运而生，为教学资源的整合提供了强有力的支持。教师应熟练掌握并运用这些技术工具，如多媒体教学软件、在线学习平台、云存储等，以提高资源整合的效率和效果。通过技术工具的应用，教师可以更加便捷地获取、存储、处理和展示教学资源，使教学过程更加生动、直观、高效。同时，技术工具的应用还能促进师生之间的互动和交流，提升教学质量和学生的学习体验。

（五）教学资源整合的反思与提升

教学资源的整合是一个持续不断的过程，需要教师不断地进行反思和提升。教师应定期对自己的资源整合工作进行总结和评估，分析存在的问题和不足，并寻求改进的措施和方法。同时，教师还应积极参加各种教学研讨和交流活动，与同行分享经验、交流心得，共同探索教学资源整合的新思路和新方法。通过不断的反思和提升，教师可以不断提高自己的资源整合能力和教学水平，为学生的英语学习提供更加优质、高效的支持和服务。

五、跨文化交流的桥梁

（一）全球化时代的跨文化教育需求

在全球化日益加深的今天，跨文化交流已成为时代赋予教育的重要使命。高校英语教师作为连接不同文化和语言的桥梁，其角色越发关键。他们不仅要传授语言知识，更要承担起培养学生跨文化交际能力、拓宽其国际视野的重任。通过跨文化教育，学生能够理解并尊重不同文化的差异，增强全球意识，为未来的国际合作与交流打下坚实的基础。

（二）课程内容与跨文化元素的融合

为实现跨文化交流的目标，高校英语教师应将跨文化元素巧妙地融入课程内容之中。这包括选择反映不同国家和地区文化特色的阅读材料、影视作品、音乐作品等，引导学生分析其中的文化现象、价值观念和社会习俗。同时，教师还可以设计跨文化交流的任务和活动，如模拟国际商务谈判、参与多文化节日庆典等，让学生在实践中体验和学习跨文化交流的技巧和策略。

（三）培养跨文化敏感性与批判性思维

跨文化交流不仅仅是语言上的沟通，更是文化、价值观和思想观念的碰撞与融合。因此，教师需要注重培养学生的跨文化敏感性和批判性思维。敏感性思维使学生能够敏锐地感知到不同文化之间的差异和冲突，而批判性思维则能帮助学生理性地分析和评价这些差异和冲突，形成自己的文化立场和观点。通过培养这两种能力，学生可以更加自信地参与跨文化交流，成为具有全球视野和跨文化交际能力的人才。

（四）利用技术促进跨文化互动

随着信息技术的发展，跨文化交流的方式和途径也日益丰富多样。高校英语教师可以充分利用互联网、社交媒体等现代技术手段，为学生搭建跨文化互动的平台。例如，通过在线国际交流项目，学生可以与来自不同国家和地区的学生进行实时交流，分享彼此的文化和生活体验；通过参与国际学术会议或研讨会，学生可以接触到前沿的跨文化研究成果和学术思想，拓宽自己的学术视野。这些技术手段不仅为学生提供了更多元化的跨文化交流机会，也促进了教师自身在跨文化教育领域的专业成长和发展。

（五）持续学习与自我提升

作为跨文化交流的桥梁，高校英语教师需要具备深厚的文化底蕴和宽广的国际视野。因此，他们必须保持持续学习的态度，不断更新自己的知识储备和跨文化交流技能，包括关注国际时事动态、阅读跨文化研究文献、参加跨文化培训项目等。同时，教师还应积极反思自己的教学实践和经验教训，不断调整和完善自己的跨文化教育策略和方法。通过持续学习和自我提升，教师可以更好地履行跨文化交流桥梁的职责，为学生的全面发展和未来的国际竞争力贡献力量。

第二节　教师专业的发展路径

一、持续学习与进修

（一）终身学习：教师专业成长的基石

在快速变化的全球化时代，高校英语教育面临着前所未有的挑战与机遇。为了适应这一环境，教师必须树立终身学习的理念，将参加各类培训、研讨会和进修课程视为自我提升和专业成长的重要途径。这一过程不仅关乎教师个人知识结构的更新与技能的提升，更直接影响到教学质量与学生学习效果的优化。

（二）培训：专业技能的精准锤炼

专业培训是教师专业成长中不可或缺的一环。通过参加针对性的培训课程，教师可以系统地学习最新的教学理念、教学方法和教育技术。这些培训往往结合教学实践，以问题为导向，帮助教师解决教学中的实际难题。同时，培训中的互动与交流也为教师提供了宝贵的经验分享和思维碰撞的机会，促进了教师之间的合作与成长。

（三）研讨会：思想碰撞的火花

研讨会作为学术交流的重要平台，为教师提供了与同行深入探讨教育问题、分享研究成果的机会。在研讨会上，教师们可以围绕某一主题或议题展开热烈讨论，分享各自的教学经验和教学心得。这种思想碰撞不仅能够激发教师的创新思维，还能促进教育理念的更新与教学方法的改进。此外，研讨会还为教师搭建了与专家学者面对面交流的桥梁，有助于教师拓宽学术视野，提升专业素养。

（四）进修课程：深化专业知识的路径

进修课程是教师深化专业知识、拓宽学术领域的重要途径。通过攻读学位、参加高级研修班或国际交流项目等方式，教师可以系统地学习某一领域的前沿知识，提升自己的学术水平和研究能力。这些进修经历不仅有助于教师更好地把握学科发展动态，还能为其未来的教学和研究工作奠定坚实的基础。同时，进修过程中的挑战与磨砺也将成为教师职业生涯中宝贵的财富，激励其不断追求卓越。

（五）实践反思：持续进步的驱动力

持续学习与进修并非孤立的行为，而是与教学实践紧密相联的。教师在参加培训、研讨会和进修课程后，应将所学知识和技能及时应用于教学实践中，通过实践来检验和提升自己。同时，教师还应保持对教学实践的敏锐观察与深刻反思，不断总结经验和教训，调整教学策略和方法。这种实践反思的过程是教师持续进步的驱动力，也是其专业成长过程中不可或缺的一环。

鼓励教师参加各类培训、研讨会和进修课程是促进高校英语教师发展与专业成长的重要举措。通过终身学习、专业培训、研讨会交流、进修课程深造以及实践反思等多种途径，教师可以不断更新知识和技能，提升专业素养和教学能力，为培养具有国际视野和跨文化交际能力的高素质英语人才贡献自己的力量。

二、教学反思与改进

（一）教学反思的意义与价值

教学反思是教师专业成长不可或缺的一环，它不仅是对过去教学实践的回顾与审视，更是对未来教学策略的规划与调整。通过教学反思，教师可以深入剖析教学过程中的得失，明确自身的优势与不足，从而找到提升教学质量的突破口。这一过程不仅能够促进教师个人教学能力的增长，还能够推动整个教学体系的不断完善与创新。

（二）建立教学反思的常态机制

为了培养教师进行教学反思的习惯，需要建立一种常态化的反思机制。这包括设定固定的反思时间，如课后、周末或学期末等，让教师有足够的时间对教学活动进行深入思考。同时，鼓励教师采用多样化的反思方式，如撰写教学日志、参与教学研讨会、进行同行评审等，以全面、客观地评估自己的教学效果。此外，学校或教学管理部门也应为教师提供必要的支持和资源，如组织反思培训、分享优秀反思案例等，以激发教师的反思热情，提高其反思能力。

（三）聚焦关键教学环节的反思

教学反思应聚焦于关键教学环节，以确保反思的针对性和实效性。这些关键教学环节包括但不限于课程目标的设定、教学内容的选择与组织、教学方法的运用、学生学习情况的评估与反馈等。在反思这些环节时，教师应关注自己是否准确地把握了学生的学习需求和兴趣点，是否有效地传递了知识和技能，是否充分激发了学生的学习积极性和创造性。同时，教师还应思考如何进一步优化这些环节，以提高教学的针对性和有效性。

（四）将反思成果转化为教学改进的行动

教学反思的最终目的是推动教学的持续改进。因此，教师需要将反思成果转化为具体的教学改进行动。这包括调整教学目标、优化教学内容、改进教学方法、完善评估与反馈机制等。在实施这些改进行动时，教师应保持开放的心态和灵活的策略，根据学生的实际情况和教学效果的反馈不断调整和优化教学策略。同时，教师还应注重与同事、学生以及教学管理部门之间的沟通与协作，共同推动教学质量的提升。

（五）培养终身学习与自我提升的意识

教学反思是一个持续不断的过程，它要求教师具备终身学习与自我提升的意识。随着教育理念和技术的不断发展变化，教师需要不断更新自己的知识结构和教学方法以适应新的教学需求。因此，教师应将教学反思视为一种持续的学习过程，通过不断学习新知识、新技能和新理念来丰富自己的教学视野和教学手段。同时，教师还应注重培养自己的创新意识和创新能力，勇于尝试新的教学方法和策略以推动教学的不断创新与发展。

三、科研与教学实践相结合

（一）科研与教学：相辅相成的双轮驱动

在教师的专业成长道路上，科研与教学如同车之两轮、鸟之双翼，相辅相成，共同推动着教师向更高层次发展。鼓励教师将科研成果应用于教学实践，不仅有助于提升教学质量，还能使科研成果在实践中得到检验和完善；同时，在教学实践中提炼研究问题，则为科研工作提供了源源不断的灵感和动力。

（二）科研成果的实践转化

科研成果是教师智慧和汗水的结晶，它们蕴含着先进的教学理念、创新的教学方法和深刻的教育思考。将这些成果应用于教学实践，意味着将理论转化为实践，将抽象转化为具体。教师可以通过设计基于科研成果的教学活动、开发新型教学材料、引入前沿教育技术等方式，将科研成果融入课堂，使学生在学习过程中感受到知识的力量和魅力。这种实践转化不仅丰富了教学内容，也提高了学生的学习兴趣和积极性，促进了教学质量的全面提升。

（三）教学实践中的研究问题挖掘

教学实践是教师成长的沃土，也是研究问题的重要来源。在教学过程中，教师会遇到各种各样的问题和挑战，这些问题往往具有鲜明的实践性和针对性。因此，教师应具备敏锐的问题意识，善于从教学实践中发现问题、提炼问题，并将其作为研究课题进行深入探讨。这种从实践中来到实践中去的研究方式，不仅有助于解决教学中的实际问题，还能推动教育理论的创新和发展。同时，通过教学实践中的研究问题挖掘，教师还可以不断提升自己的研究能力和学术素养，为未来的科研工作奠定坚实的基础。

（四）科研与教学相互促进的良性循环

科研与教学之间存在着密切的相互促进关系。一方面，科研成果的应用为教学实践提供了有力的支撑和保障。另一方面，教学实践中的问题提炼又为科研工作提供了丰富的素材和动力。这种相互促进的良性循环不仅推动了教师的专业成长，也促进了英语教育事业的持续发展。在这个过程中，教师需要不断保持对科研和教学的热情和投入，勇于探索、敢于创新，努力在科研与教学之间找到最佳的平衡点。

（五）构建科研与教学融合的发展平台

为了更好地促进科研与教学的结合，学校和教育机构应构建相应的发展平台和支持体系。这包括设立科研与教学相结合的奖励机制，提供必要的科研经费和教学资源，建立科研与教学团队的合作机制；等等。通过这些措施的实施，可以激发教师参与科研与教学的积极性和创造性，促进科研成果的快速转化和教学实践的不断创新。同时，这些平台还可以为教师提供交流和合作的机会，促进教师之间的知识共享和经验传承，为教师的专业成长营造良好的氛围和环境。

四、专业社群参与

（一）专业社群的价值与意义

在知识日新月异的今天，专业社群的参与对于高校英语教师的专业成长具有不可估量的价值。它不仅为教师提供了一个与同行交流思想、分享经验的平台，还促进了教育资源的优化配置和共享。通过专业社群，教师可以接触到最前沿的教学理念和教学方法，拓宽视野，激发创新灵感；同时，也能在相互学习中发现自身的不足，从而明确专业发展的方向和目标。

（二）构建多元化交流平台

专业社群应致力于构建多元化的交流平台，以满足不同教师的需求，包括线上交流平台和线下活动两种形式。线上平台如教育论坛、社交媒体群组等，可以让教师跨越地域限制，随时随地参与讨论，分享教学心得和资源；线下活动如教学研讨会、工作坊、学术会议等，则能为教师提供面对面交流的机会，加深彼此之间的了解和合作。通过多元化的交流平台，教师可以更加便捷地获取信息，更加深入地探讨问题，从而促进专业成长的加速。

（三）促进资源共享与协作

专业社群的一个重要功能就是促进资源的共享与协作，既包括教学资源的共享，如教材、课件、试题库等，也包括教学经验的交流和教学方法的借鉴。通过共享资源，教师可以减少重复劳动，提高工作效率；通过交流经验，教师可以相互启发，共同进步。此外，专业社群还可以组织协作项目，如共同开发教材、编写教学指南等，通过团队合作实现优势互补，提升整体教学水平。

（四）激发持续学习与自我提升的动力

专业社群的氛围和文化能够激发教师持续学习与自我提升的动力。在社群中，教师会不断接触到新的知识和理念，感受到来自同行的压力和激励，从而产生学习的紧迫感和动力。同时，社群中的成功案例和优秀教师的榜样作用也会激励教师不断追求卓越，提升自己的专业素养和教学能力。这种持续学习和自我提升的过程将伴随教师的整个职业生涯，为其专业发展提供源源不断的动力。

（五）构建专业发展共同体

专业社群的参与将促进教师之间形成一个紧密的专业发展共同体。在这个共同体中，教师不再是孤立的个体，而是相互支持、共同成长的伙伴。他们共同面对教育挑战，共同探索教学规律，共同追求教育理想。通过专业社群的参与和互动，教师们能够建立起深厚的友谊和信任关系，形成积极向上的教学氛围和团队精神，这种共同体文化将成为推动教师专业成长的重要力量。

五、职业规划与自我提升

（一）职业规划：引领专业成长的灯塔

在高校英语教师的职业生涯中，制定个人职业规划是迈向专业成长的重要一步。这一规划如同指引前行的灯塔，帮助教师明确发展方向，设定阶段性目标，从而有条不紊地推进自身的专业素养提升。

（二）明确发展目标：自我认知与定位

制定职业规划的首要任务是进行深入的自我认知与定位。教师应全面了解自己的兴趣、优势、劣势以及所处的职业环境，明确自己在英语教育领域的定位和角色。在此基础上，结合个人愿景和职业发展需求，设定具体、可衡量的发展目标。这些目标可以包括提升教学能力、深化专业知识、参与科研项目、发表学术成果等多个方面，为教师的专业成长提供清晰的方向指引。

（三）持续学习：职业规划的动力源泉

持续学习是实现职业规划目标的重要途径。教师应保持对新知识、新技能的渴求和追求，通过参加培训、研讨会、进修课程等方式不断更新自己的知识结构和技能体系。同时，教师还应积极关注教育领域的最新动态和研究成果，将前沿的教育理念和教学方法融入教学实践，提升教学质量和效果。这种持续学习的态度和行为不仅有助于教师实现个人职业规划目标，还能为其职业生涯的持续发展奠定坚实的基础。

（四）反思与调整：职业规划的修正机制

职业规划并非一成不变，而是一个动态调整的过程。教师在执行职业规划的过程中应定期进行自我反思和评估，检查自己的进展情况和成果是否达到预期目标。如果发现偏差或不足，应及时进行调整和修正。这种反思与调整的过程有助于教师保持对职业规划的敏锐度和灵活性，确保自己的发展路径始终与职业目标保持一致。

（五）专业社群与合作：拓宽视野与资源共享

加入专业社群和开展行业合作是教师提升自我专业素养的有效途径。通过参与专业社群的活动和交流，教师可以结识同行业的专家和同行，拓宽自己的视野和思路。同时，合作与交流还能促进资源共享和优势互补，帮助教师解决教学中遇到的问题和困难。这种社群合作的方式不仅有助于教师的个人成长，还能推动整个高校英语教育领域的进步和发展。

（六）心态与韧性：职业规划的坚实后盾

在职业规划的实施过程中，良好的心态和韧性是不可或缺的。教师应保持积极、乐观的心态面对职业发展中的挑战和困难，勇于接受新事物、新挑战。同时，教师还应具备坚韧不拔的毅力和决心，不断克服自身的弱点和不足，推动自己向更高的目标迈进。这种积极的心态和坚韧的毅力将成为教师职业规划的坚实后盾，助力其实现专业成长的梦想。

参考文献

[1] 张英 . 生态视域下的职业英语教学改革研究 [M]. 上海：复旦大学出版社 , 2017.

[2] 毛佳玳 . 信息化背景下高校英语教学创新研究 [M]. 杭州：浙江工商大学出版社 , 2022.

[3] 任彦卿 . 基于移动学习系统的职业英语教学研究 [M]. 长春：吉林人民出版社 , 2019.

[4] 苑丽英 . 互联网 + 视域下职业英语教学的创新探索 [M]. 长春：吉林人民出版社 , 2019.

[5] 杨艳 . 英语教学创新研究 [M]. 长春：吉林人民出版社 , 2019.

[6] 陈细竹，苏远芸 . 职业英语教学模式的革新与发展研究 [M]. 长春：吉林人民出版社 , 2021.

[7] 霍芳 . 职业英语教学理论与实践研究 [M]. 长春：吉林人民出版社 , 2020.

[8] 杨雪静 . 高校英语教学模式创新研究 [M]. 长春：吉林人民出版社 , 2020.

[9] 魏琴 . 信息化背景下职业英语教学研究 [M]. 长春：吉林人民出版社 , 2020.

[10] 张蕾 . 基于混合式教学模式的职业英语教学创新研究 [J]. 现代英语，2022(24)：17-20.

[11] 曹一林 . 基于学科竞赛的职业英语教学改革研究与实践 [J]. 黑龙江教育 (高教研究与评估), 2022(1)：64-65.

[12] 陕晋芬 . 基于情境认知理论的职业英语阅读创新教学研究 [J]. 英语教师 , 2023(8)：19-21.

[13] 邵海静 . 大学公共英语教学改革与创新教育研究 [J]. 当代教育实践与教学研究 , 2015(8)：56-58.

[14] 曹旭，符涛 . 职业英语写作教学改革模式创新研究 [J]. 北京印刷学院学报 , 2018(1)：135-137.

[15] 王湘 . 经济创新趋势下的大学商务英语教学改革研究 [J]. 文化创新比较研究 , 2018(29)：123，125.

[16] 陈瑜 . 基于应用型人才培养的职业英语教学改革创新研究 [J]. 海外英语 , 2024(11)：119-121.

[17] 钱丽 . “互联网 +” 时代职业英语教学改革与创新研究 [J]. 科教导刊 (电子版), 2021(15)：237-238.

[18] 曹献玲 . 基于 “双服务” 理念的应用型本科职业英语教学改革创新研究 [J]. 黑龙江工业学院学报 (综合版), 2023(6)：21-25.

[19] 陈晨 . “互联网 +” 背景下职业英语教学改革创新研究 [J]. 黑龙江省政法管理干部学院学报 , 2018(6)：159-160.

[20] 户晓娟 . 高等教育国际化视角下职业英语教学的改革创新研究 [J]. 宿州教育学院学报 , 2015(6)：119-120.

[21] 包宗鑫 . 智慧教育视角下职业英语教学改革创新途径研究 [J]. 赤峰学院学报 (哲学社会科学版), 2023(10)：110-113.

[22] 崔冬梅 . 大学公共英语教学改革与创新教育研究 [J]. 现代交际 ,2019 (12)：185-186.